고등학교

인성 ①

윤문원 지음

씽크파워
THINK POWER

구성
3장으로 구성하여 1장은 주요 인성덕목(꿈, 창의성)이며, 2장은 인성교육진흥법에서 명시하고 있는 8대 인성덕목(예(禮), 효(孝), 정직, 책임, 존중, 배려, 소통, 협동)이며 3장은 예방 교육(학교폭력 예방, 자살 예방)입니다.

교과목과 연계
인성을 별도의 내용이 아니라 생활과 윤리, 윤리와 사상, 사회, 국어 등 교과목과 연계하였습니다.

학습 목표
각 인성덕목에서 익혀야 할 주요 주제를 제시하였습니다.

요약식 서술
내용을 익히기 쉽도록 요약하여 서술하였습니다.

스토리텔링
자칫 딱딱하기 쉬운 인성교육 내용을 재미있는 이야기를 통해 습득할 수 있습니다.
특히 많은 위인들의 이야기를 실어 이들의 삶을 본받을 수 있도록 하였습니다.

삽화, 사진, 명화
내용을 이해하기 쉽도록 삽화와 사진, 명화를 풍부하게 실었습니다.

명언
내용에 걸맞은 위인들의 명언을 통해 쉽게 이해할 수 있습니다. 아울러 명언을 한 인물을 소개하였습니다.

편지
인성덕목을 익히게 함에 있어서 주입식이 아니라 대화 형식의 서간체 편지를 실었습니다.

시

해당 인성덕목과 관련 있는 시를 실어 흥미를 느낄 수 있습니다.

책 읽기

각 인성덕목의 내용과 관련 있는 책의 문장을 실었습니다.

읽기 자료

해당 인성덕목과 관련 있는 내용의 읽기 자료를 첨부하였습니다.

실천하기

각 인성덕목을 생활에서 실천할 수 있는 내용을 열거하였습니다.

토론하기

각 인성덕목의 토론거리를 제시하였습니다.

정리하기

각 인성덕목의 주요 내용을 요약하여 정리하였습니다.

확인하기

각 인성덕목의 내용을 문제를 통해 익힐 수 있습니다.

올바른 인성을 익히는 것은 인격과 직결되는 일이므로 매우 중요합니다.
이 책이 좋은 인성을 형성하는 데 도움이 되기를 바랍니다.

차례

PART 03 예방 교육

주요 인성덕목

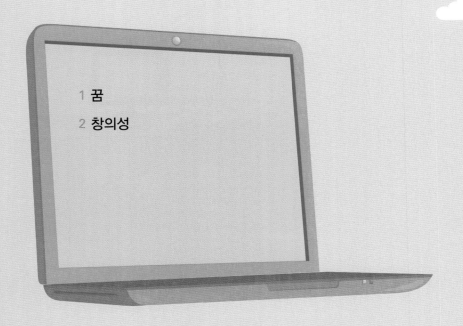

1 꿈

📖 **학습목표**
- 고교시절의 중요성을 인식한다.
- 꿈에 대한 이해와 실현 방법을 알 수 있다.

1 고교생과 꿈

인생에서의 고교생 시기

- 고교 시절은 피 끓는 청소년기로 몸과 마음이 폭풍 성장하는 시기이다. 자아가 확립되며 인성이 굳어지는 시기로 인생에서 매우 중요한 시기이다. 인생에서 꿈을 실현한 삶의 영광도, 이름 모르는 들풀처럼 미미한 존재로 살아가는 것도 고교 시절을 어떻게 보내느냐에 달려있다.

- 앞으로 나아갈 길에 대하여 자아 정체성과 좋은 인성을 가지고 노력을 기울인다면 인생길은 탄탄대로가 될 것이다. 그렇지 않고 되는대로 분위기에 휩쓸려 나날을 보내면서 자아를 상실하고 올바른 인성을 기르지 못한다면 인생길은 험로가 되고 만다.

- 고교 시절에 인생을 어떻게 살아가야겠다고 결심하고 선택하는 행위가 바로 삶의 형태와 직결된다. 무엇이 되고 싶다고 마음을 먹고 이에 따라 직업을 선택하거나, 대학 학과를 선택하거나, 재능을 익히는 것이 향후 진로를 결정하기 때문이다.

신선한 열정의 시기

● 고교생들 앞에는 창창한 미래가 기다리고 있으며 약동하는 젊음의 생명력과 창조력이 있다. 높은 뜻을 품고 의지를 강하게 하며, 몸과 마음을 갈고 닦는 일에 주저함이 없어야 한다. 마음의 깊은 샘에서 우러나오는 신선한 열정을 발산하면서 용기와 풍부한 상상력으로 미래를 창조해야 한다.

● 세상을 움직이는 건 창조적인 소수자이므로 창조적인 인재가 되기 위해 열과 성을 다해야 한다. 한결같은 열정의 불길과 강력한 우군인 용기와 함께 꿈의 실현을 위해 전진해야 한다.

꿈의 실현을 향해 가슴 뛰는 시기

● 가슴 깊이 품고 있는 꿈이야말로 무한한 가능성을 여는 것이다. 고교 시절은 꿈을 품고 실현하기 위해 노력해야 하는 시기이다. 노력하는 과정에서 방황할 수도 실수할 수도 있고 시행착오를 겪을 수도 있지만 어떤 상황에서라도 꿈을 품고 실현해야겠다는 마음가짐은 가지고 있어야 한다.

● 꿈의 실현이 아름다운 미래를 보증한다. 꿈의 실현을 위해 가슴이 뜨겁게 뛰어야 한다. 꾸준한 노력으로 한 걸음씩 전진해 나간다면 꿈이 아름답고 소담스럽게 꽃을 피우고 열매를 맺을 것이다.

2 꿈의 의미

인간과 꿈

🎬 소위의 꿈

• 소위가 대장 계급장을 가지고 있었던 것에 대해 어떻게 생각하는가?

어느 날 바다 한 가운데 미 해군 함대에서 사열식이 열리고 있었다. 참석한 대장의 계급장이 실수로 훼손되는 일이 벌어졌다. 어떻게 해야 할지 고민하는 가운데 참모들을 불러 대장 계급장을 구할 수 있는지 물어보았지만, 바다 한가운데서 구할 도리가 없었다.

대장 계급장이 나올 것을 기대하지 않으면서도, 행여나 하는 심정으로 선내 방송을 통해 공지했다. 그렇게 마이크로 알린 지 10분도 채 되지 않았는데 막 임관한 소위 한 명이 숨을 헐떡거리며 대장 계급장을 들고 나타났다. 대장은 다행이라 생각하면서도 어떻게 소위가 대장 계급장을 가지고 있는지 묻자 소위가 대답했다.

"제가 군에 입대할 때 국가를 위해 헌신하여 꼭 대장의 지위까지 올라가겠다는 꿈을 품고 자주 애인에게 말했습니다. 그랬더니 제가 소위로 임관할 때 애인이 대장 계급장을 선물 한 것입니다. 저는 이 계급장을 항상 가슴에 품고 다니며 제 꿈을 실현시킬 것을 다짐하곤 합니다."

 이 소위가 바로 제2차 세계대전 당시 태평양 전쟁에서 맹활약한 체스터 윌리엄 니미츠 제독이다. 이후 제독의 이름을 딴 미 항공모함 니미츠호가 건조되었으며 그는 원래 목표했던 4성 장군을 넘어, 미 해군 최초로 5성 원수가 되어 미국 해군 역사에 큰 획을 긋는 군인으로 기록되었다.

● 인간으로서 꿈을 품고 실현하기 위해 노력하는 것은 당연하고 바람직한 일이다.

● 꿈은 인생의 밑그림으로, 인생이란 꿈을 향해 노력하는 과정이다.

● 꿈이 없는 사람은 죽은 사람이나 마찬가지다.

● 꿈은 현실성을 가지고 노력하면 이루어질 수 있다.

● 꿈을 가지는 것은 자신만의 세계이므로 꿈꾸는 것을 두려워하거나 억누르지 말아야 한다.

사람의 크기와 꿈의 크기

🎬 마틴 루터 킹 : 나에게는 꿈이 있습니다(I have a dream)

• 마틴 루터 킹이 1963년 8월 28일 워싱턴 링컨 기념관 앞에서 열린 인종차별 반대 집회에서 흑인 인권 향상이라는 원대한 꿈을 설파한 〈나에게는 꿈이 있습니다〉라는 명연설 내용의 일부이며 전문을 읽어보도록 하자.

> (전략)나에게는 꿈이 있습니다. 언젠가는 이 나라가 일어나 다음과 같은 신조의 참뜻을 실현할 것이라는 꿈이 있습니다. "모든 인간이 평등하게 창조되었다는 것을 우리는 자명한 진리로 여긴다."라는 신조 말입니다. (후략)

마틴 루터 킹(Martin Luther King, 1929~1968)
미국 목사. 1950년대 중반부터 암살당할 때까지 미국 흑인들을 위한 인권 운동을 이끌었음.

● 위대한 사람은 인생을 걸 수 있는 큰 꿈을 가지고 있고 평범한 사람은 평범한 꿈을 가지고 있다.

● 꿈이 크다고 해서 반드시 가치가 큰 것은 아니지만, 너무 작은 꿈을 가지고 있으면 피를 들끓게 하는 열정을 발휘하지 못하는 법이다.

● 자신을 변화시키고 싶다면 꿈의 내용과 크기를 바꿔야 한다.

꿈과 삶의 목적

- 꿈과 삶의 목적은 다르다. 예를 들어 의사가 되겠다는 것은 꿈이고, 의사가 되어 가난하고 헐벗은 사람을 치료하겠다는 것은 삶의 목적이다.
- 꿈의 실현을 통한 의미 있는 삶을 살아야 한다. '왜 꿈을 이루려고 하는가' 하고 자신에게 물으면서 삶의 목적을 추구해야 한다.

3 꿈을 품고 멀리 바라보기

꿈을 향한 시야

🎬 철길 위에서 놀던 이야기

- 뚱뚱한 친구가 철길 위에서 걸은 행위와 꿈과의 관계는 무엇일까?

"한 친구는 보통 몸집이었고, 또 다른 한 친구는 태어나서 한 끼도 거르지 않은 듯 매우 뚱뚱한 친구였어요. 우리는 철길 위에서 떨어지지 않고 누가 더 멀리 갈 수 있는지 내기를 하곤 했지요. 나와 보통 몸집인 친구는 얼마 못 가서 떨어지곤 했는데 뚱뚱한 친구는 아무리 걸어도 떨어지지 않았어요. 이러한 결과는 번번이 계속되었지요. 나는 몸이 뚱뚱한 친구가 체중 덕으로 떨어지지 않는가도 생각했지만, 몸이 둔해 오히려 불리할 것이라는 생각이 들었습니다. 매우 약이 올랐지만 호기심이 생겨 그 비결을 물었지요. 그러자 뚱뚱한 친구가 대답했습니다. '너희 둘은 발밑을 보고 걷기 때문에 그렇게 떨어질 수밖에 없어. 나는 너무 뚱뚱해서 발밑을 볼 수 없어서 먼 앞쪽의 철길을 바라보면서 그곳을 향해 걸어간다. 내가 바라본 지점에 가까워지면 또 더 멀리에 있는 또 다른 지점을 정해서 그곳을 향해 계속 걸었어.' 나는 이 친구의 말을 가슴에 새기고 바로 눈 아래 보이는 현실에 급급함이 아니라 꿈을 품고 꿈을 바라보면서 앞으로 나아갔지요."

- 철길 위에서 발밑을 보고 걸으면 녹과 잡초와 자갈만을 보고 걷는 것이다.
- 철길의 앞쪽을 바라보고 걸으면 도달하고자 하는 지점을 바라보고 걷는 것이다.
- 자신의 꿈에 대하여 넓은 시야를 가지고 앞으로 나아가야 한다.

꿈을 향한 미래지향적인 삶

- 명확한 목표를 가지고 살아야 한다.
- 자신의 꿈을 현실적 상황만으로 판단하지 말고 열린 사고로 전체를 조망하면서 그려야 한다.

4 꿈을 실현하는 방법

꿈은 품는 것

🎬 존 고다드 어록

> 꿈을 이루는 가장 좋은 방법은 목표를 세우고, 그 꿈을 향해 모든 것을 집중하는 것입니다. 그렇게 하면 단지 희망 사항이었던 것이 '꿈의 목록'으로 바뀌고, 다시 그것이 '해야만 하는 일의 목록'으로 바뀌고, 마침내 '이루어 낸 목록'으로 바뀝니다. 꿈을 가지고 있기만 해서는 안 됩니다. 꿈은 머리로 생각하고 가슴으로 느끼는 것에서 출발합니다. 하지만 거기서 머물러서는 안 됩니다. 손으로 적어 발로 뛰어야 꿈이 실현됩니다.

존 고다드(John Goddard, 1924~2013) 미국의 세계적인 탐험가.

🎬 존 고다드 이야기

• 존 고다드처럼 자신의 꿈을 적은 '꿈의 목록'을 가지고 있는가?

> 미국의 세계적인 탐험가 존 고다드는 1992년 미국 잡지 ≪라이프≫에 '꿈을 성취하는 미국인'으로 대서특필된 바 있으며, 오늘날 개인의 목표와 목적을 가장 극적으로 성취한 사람이다.
>
> 꿈 많고 상상력 풍부한 15세 되던 해인 1940년, 노란 색종이에 '나의 인생 목표'라고 제목을 적고 밑에다 127개의 인생 목표를 적었다. '보이 스카우트 가입' 등 단순한 꿈에서부터 '이집트 나일 강 탐험하기', '비행기 조종술 배우기', '브리태니커 백과사전 전권 읽기', '에베레스트 등정' 등 어려운 꿈과 '달 탐험' 등 불가능해 보이는 꿈도 있었다. 자신이 적은 '꿈의 목록'을 끈기 있게 이루어 나갔다. 1980년에는 우주 비행사가 되어 달에 갔다. 이후 추가한 500여 개의 꿈도 거의 실현하였다.

● 꿈은 상황이나 현실적 제약이나 조건에 좌우되어서는 안 된다.

● 뭐든지 될 수 있고, 할 수 있고, 가질 수 있고, 이룰 수 있다고 여겨야 한다.

● 꿈을 날짜와 함께 적어놓으면 그것은 목표가 되고, 목표를 잘게 나누면 그것은 계획이 되며, 그 계획을 실행에 옮기면 꿈은 실현되는 것이다.

목표 설정

🎬 카탈리나 해협 횡단 이야기

• 채드윅이 카탈리나 해협 횡단에 처음에는 실패하고 나중에 성공한 이유는 무엇일까?

세계적인 미국 여자 수영 선수 플로렌스 채드윅은 카타리나 해협 횡단에 도전했다. 자욱한 안개 때문에 호위하는 보트들마저 시야에 들어오지 않았다. 수많은 사람들이 TV를 시청하는 가운데 차가운 바다를 계속 헤엄쳐 나갔다. 그녀는 15시간을 멈추지 않고 물살을 가르며 나  아가다가 중도에 포기했다. 나중에 자신이 포기한 지점이 목표 지점에서 얼마 떨어지지 않은 곳이었다는 사실을 알고는 "목표 지점인 육지를 눈으로 볼 수 있었더라면 나는 결코 포기하지 않았을 거예요"라고 했다. 그녀를 패배시킨 것은 추위나 피로감이 아니라 목표를 볼 수 없는 안개 때문이었다.

두 달 뒤에 그녀는 다시 도전했다. 이번에도 똑같은 짙은 안개가 시야를 가렸지만, 그녀는 저 안개 뒤편 어딘가에 육지가 있음을 마음에 그리고, 이번에는 해낼 수 있는 자신감이 있었다. 그리하여 카타리나 해협을 헤엄쳐서 건넌 최초의 여성이 되었다.

- 목표는 삶의 원동력으로 잠재능력과 도전의식을 일깨워 성취하게 한다.
- 목표를 명확하게 설정하면 달성 시한을 정해놓고 힘을 발휘하여 목표에 다가간다.
- 가령 원하는 상급학교 진학을 목표로 한다면 어떤 과목을 더 열심히 해야 할지, 공부하는 방식을 어떻게 바꾸어야 할지 등을 생각하면서 실천해 나갈 것이다. 진학에 도움이 되는 중요한 것과 중요하지 않은 것을 구분하여 효율적인 노력을 기울일 수 있다.

에드먼드 힐러리
(Edmund Hillary,
1919~2008)
뉴질랜드의 세계적인 등
반가.

꿈을 향한 도전

🎬 에드먼드 힐러리 어록

> 뛰어난 사람만 인생을 잘 살 수 있는 게 아니다. 중요한 것은 동기
> 다. 진정 무언가를 원한다면 온 맘을 다해라.

🎬 최초의 에베레스트 정복

• 에베레스트 정복에서 꿈의 실현 과정에 대해 느끼는 것은 무엇일
까?

> 1952년에 에드먼드 힐러리는 세계 최고봉인 에베레스트 정복에 도
> 전했지만, 정상에서 240m를 남기고 악천후로 인해 실패했다. 얼마
> 뒤 그는 강연에서 앞으로 걸어 나와서 주먹을 들어 벽에 걸린 에베레
> 스트 사진을 향해 "에베레스트여, 처음에 네가 날 이겼다. 하지만 다
> 음번에는 내가 널 이기겠다. 왜냐하면, 넌 이미 성장을 멈췄지만 난 계
> 속해서 성장하고 있기 때문이다!"라고 큰소리로 외쳤다.
>
> 그는 한 해 뒤인 1953년 탐사대와 함께 다시 에베레스트 정상 정복
> 도전에 나서 캠프를 설치했다. 다음 날 아침 힐러리는 텐트 바깥에 둔
> 신발이 얼어버린 것을 발견하고 2시간 동안 신발을 녹이고 등정했다.
> 정상에서 91m 떨어진 지점에서 그는 셰르파 텐징과 함께 14kg의 배
> 낭을 메고 정상으로 향했다. 마지막 장애는 12m 남은 바위 면이었다.
> 힐러리는 바위 면과 얼음 사이로 갈라진 틈에 쐐기를 박고 텐징을 따
> 르게 하면서 마지막 등정을 시도했다. 1953년 5월 29일 오전 11시
> 30분 마침내 지상에서 가장 높은 에베레스트 산 정상 8,848m를 최
> 초로 등정하였다. 그들이 정상에 머문 시간은 15분가량이었다.
>
> 에드먼드 경은 에베레스트 최초 등반자로 역사
> 에 기록되었으며 뉴질랜드 5달러 지폐에 초상이
> 실렸다. 그의 사후 네팔 정부는 에베레스트 산과
> 가장 가까운 공항의 명칭을 에드먼드 힐러리와 텐
> 징을 기념해 텐징 힐러리 공항으로 바꾸었다.

- 꿈의 실현에 초점을 맞추어 과감하게 도전하고 또 도전하여 끝장을 보아야 한다.
- 자신이 처한 환경에도 불구하고 의지를 갖추고 도전에 나서야 꿈을 이룰 수 있다. 자신이 도전하지 않거나 못하는 이유를 상황이나 환경 탓으로 돌리는 것은 변명에 불과하다. 처지나 환경을 탓하면 소극적으로 되고 자신감을 잃어 꿈을 실현할 수 없다.

용기 발휘

용기의 적, 두려움

- 어린 행자가 걷기 쉬운 나무 널빤지 위를 걷다가 연못에 빠진 이유는 무엇일까?

　　드라마 〈쿵후〉에 이제 막 절에 들어온 행자가 있다. 그의 스승인 노스님은 시각장애인이다. 어느 날 스승은 어린 행자를 데리고 실내 연못이 있는 방으로 갔다. 폭이 6m쯤 되는 실내 연못 위에는 좁다란 널빤지 다리가 가로놓여 있었다.

　　스승은 어린 행자에게 "연못의 물은 그냥 물이 아니라 독성이 강한 염산이다. 넌 이 나무 널빤지 위를 걸어서 염산의 연못을 건너갈 수 있어야 한다. 앞으로 일주일 후에 너를 테스트할 것이다. 조심해라. 저 연못 밑바닥 여기저기에 널려 있는 뼈들이 보이는가? 저들도 한때는 너처럼 행자였다."라고 말했다. 어린 행자는 조심스럽게 다가가 널빤지 가장자리 너머를 내려다보았다. 그곳에 수많은 뼈가 흩어져 있었다.

　　어린 행자는 그 후 일주일 동안 오로지 그 널빤지 위를 걷는 연습만 했다. 사나흘 만에 눈을 가리고서도 완벽한 균형을 이루며 널빤지 위를 가로지를 수 있었다.

마침내 시험일이 다가왔다. 스승은 행자를 데리고 실내 연못으로 갔다. 연못 밑바닥에는 뼈가 하얗게 반짝이고 있었다. 어린 행자가 널빤지에 올라서서 스승을 바라보자 스승이 "자, 걸어가 라."라고 말했다.

어린 행자가 걷기 시작했다. 앞으로 나아가는 발걸음이 왠지 불안하고 흔들리기 시작했다. 아 직 절반도 건너지 않는데 심하게 다리가 후들거렸다. 연못으로 빠질 것처럼 위태로워 보였다. 그의 발걸음이 점점 불안해지는 것을 알 수 있었다. 그러다가 몸이 휘청하더니 그대로 연못으로 떨어지고 말았다.

연못 속에서 허우적거리는 어린 행자를 바라보면서 스승은 웃음을 터뜨렸다. 그것은 염산이 아니라 그냥 물이었다. 물 밑바닥에 흩어져 있는 뼈들은 특수 효과를 위해 미리 던져 넣은 것이었 다. 스승이 말했다. "무엇이 너를 연못 속에 빠뜨렸는지 아느냐? 두려움이 너를 빠뜨린 것이다. 단 지 두려움이!"

도나텔로 〈청동 기마상〉

- 두려움은 모든 사람이 가지고 있다. 용기는 두려움을 떨치고 한 번 해보자는 마음으로 도전하는 것이다. 해내겠다는 의지가 중요하다.
- 용감한 사람과 겁쟁이의 차이는 간단하다. 용감한 사람은 두려움을 이기고 행동하는 사람이고 겁쟁이는 두려움 때문에 행동에 나서지 못하는 사람이다.
- 용감한 사람은 두려움을 느끼면 정면으로 맞선다. 자신을 두렵게 하는 것과 맞서고 돌진하면 두려움은 사라진다.

자신감

🎬 콜럼버스의 자신감

- 콜럼버스의 어떤 점이 신대륙을 발견하게 했을까?

아메리카 대륙을 발견한 콜럼버스는 많은 사람이 신대륙의 발견을 의심했을 때도 "지구는 둥글다. 서쪽으로만 계속 가면 반드시 신대륙은 나온다. 다른 사람들은 두려워할지 모르지만 나는 그 일을 할 수 있다"고 항상 말했고 정말로 그 일을 이루어냈다. 콜럼버스의 이런 강한 자신감은 항해 도중에 만난 악천후와 파도 등 힘겨운 상황에서도 이를 극복하는 원동력이 되어 선원들의 의지를 불태우면서 앞으로 나아가게 했다.

콜럼버스의 자신감은 선천적이 아닌 노력으로 이루어진 것이었다. 그는 자신감이 충만한 사람이 되고 싶었고, 그렇게 될 것이라고 믿었고, 그렇게 되기 위해 노력했다. 그는 하루도 빠짐없이 자신감을 기르는 책을 읽으며 자신감이 넘치는 삶을 살게 해달라고 기도했다. 그리고 틈만 나면 "나는 할 수 있다!"는 말을 계속해서 되뇌었다.

신대륙 발견이라는 인류 역사상 위대한 업적을 이룬 것은 콜럼버스가 꾸준한 노력으로 자신감을 기른 덕택이었다.

크리스토퍼 콜럼버스
(Christopher Columbus, 1451~1506)
이탈리아·스페인 탐험가.

- 꿈의 실현은 자신 있게 할 수 있다고 믿는 사람의 몫이다. 할 수 있다는 자신감과 해내고야 말겠다는 굳은 결심에서 나오는 강한 의지가 꿈을 실현하는 관건이다.
- 지금 꿈을 실현할 능력이 있고 앞으로 꿈을 실현할 것이라는 굳건한 믿음과 확신을 가져야 한다.

실행

🎬 대학 총장의 강의 내용

• 대학 총장이 강조한 내용은 무엇일까?

> 존경받는 대학 총장이 학생들에게 삶의 자세에 대해 강의를 하게 되었는데 그는 서두를 꺼낸 후에 웃음을 지으며 이렇게 말했다.
> "나는 여러분에게 도움이 될 만한 말을 하려고 했습니다만 문득 이런 생각이 떠올랐습니다. 지난해에 여러분은 얼마나 많은 조언을 들었으며 그 가운데 얼마나 많은 부분이 실행되지도 않은 채 남겨져 있는지 생각해 보셨나요? 아무리 좋은 말을 듣거나 생각을 가져도 실행하지 않으면 아무 소용이 없습니다. 젊은 열정을 가져도 행동해야 열정이 열매를 맺습니다. 해야 할 일을 느끼면서 행동을 취하지 않는다면 앞으로도 실행으로 옮길 가능성은 점점 낮아집니다"라는 말을 남긴 후 강의실을 떠났다.

- 꿈은 머리로 생각하고 가슴으로 느끼는 것에서 출발하지만 거기서 머물지 말고 실행하면서 노력해야 이룰 수 있다. 꿈은 아무 생각 없이, 아무 준비 없이 기다리는 사람에게 주어지지 않으며 실현을 간절히 희망하며 노력하는 사람에게 다가온다.
- 꿈의 실현은 지금 하는 행동에 따라 결정된다. 작은 행동 하나가 꿈의 실현으로 연결되어 새로운 인생으로 이끈다. 꿈을 실현하는 출발점을 실행으로 삼고 지금 바로 시작해야 한다.

● 내일 무엇이 될 수 있는가에 대한 생각을 하고 오늘 무엇인가
할 수 있도록 실천해야 한다.

성실함

🎬 노인의 히말라야 종단 이야기

· 노인은 히말라야를 어떻게 종단했을까?

1959년 티베트에서 중국의 침략을 피해 여든이 넘은 노인이 히말라야를 넘어 인도에 왔다. 그때 기자들이 놀라서 노인에게 물었다.

"어떻게 그 나이에 험준한 히말라야를 아무 장비도 없이 넘어올 수 있었습니까?"

노인이 대답했다. "한 걸음, 한 걸음, 걸어서 왔지요."

● 꿈의 실현은 폭포처럼 갑자기 한꺼번에 오는 것이 아니라 한 번에 한 방울씩 떨어지는 물방울처럼 서서히 온다. 등산할 때 정상을 향해 한 걸음 한 걸음 올라가야 하는 것처럼 십리도 한 걸음씩이고 천리도 한 걸음씩이다. 꿈의 실현도 목표를 정하고 꾸준한 노력을 기울이는 것이다. 한 걸음 한 걸음 꾸준히 나아가는 것이야말로 목표에 도달하려는 분명한 자세다. 성실함으로 무장한 꾸준한 노력이 조그마한 성과를 만들고 그 조그마한 성과들이 큰 성과로 이어지는 연쇄작용으로 마침내 꿈을 실현하게 되는 것이다.

● 꿈을 실현한 사람은 단번에 자신의 위치에 뛰어오른 것이 아니라 다른 사람들이 밤에 단잠을 잘 적에 일어나서 일에 몰두한 사람이다. 행복이나 성공은 우연히 얻어지는 것이 아니라 성실한 자세로 꾸준히 노력해야 이루어질 수 있다.

끈기

≪바람과 함께 사라지다≫
초판 표지

마거릿 미첼(Margaret
Mitchell, 1900~1949)
미국의 소설가. 1936년
≪바람과 함께 사라지다≫
를 출간하여 세계적인 베
스트셀러 작가가 되었음.

🎬 끈기의 결실 : '바람과 함께 사라지다'

• 마거릿 미첼은 어떻게 하여 작가로서의 꿈을 이루었을까?

> 한 여성이 기자로 일하다가 불의의 사고로 다리를 심하게 다쳐 실직
> 했다. 그녀는 자신의 처지에 대해 원망하거나 낙심하지 않고 글을 쓰
> 기 시작했다. 그녀는 10년 동안 심혈을 기울여 1,037페이지의 대작
> 소설을 완성했다.
> 하지만 어느 출판사에서도 출판하려고 하지 않았다. 3년 동안 번번
> 이 퇴짜를 맞으면서 원고는 너덜너덜해졌다. 그러던 어느 날 애틀랜타
> 지방신문에 '뉴욕 맥밀란 출판사 사장 레이슨이 애틀랜타를 방문한
> 다'는 기사가 실렸다. 그녀는 애틀랜타를 방문한 후 기차 편으로 떠나
> 는 레이슨에게 "제가 만든 원고예요. 부탁이니 한 번만 읽어 보세요!"
> 라고 간곡히 부탁하면서 원고 뭉치를 건넸다. 레이슨은 장거리 여행을
> 하는 동안 무료함을 달래기 위해 원고를 읽기 시작했다. 처음에는 무
> 심코 원고를 읽기 시작했지만, 얼마 지나지 않아 그는 원고에서 눈을
> 뗄 수 없었다.
> 그는 곧장 그 원고를 출판했는데, 출판된 책은 하루에 5만 권 이상
> 팔렸고, 12개 국어로 번역됐으며, 영화로도 제작돼 세계적 화제작이
> 됐다. 그 책이 바로 마거릿 미첼이 쓴 ≪바람과 함께 사라지다≫이다.

● 끈기는 꿈의 실현에 향기를 불어넣는 희망의 기반이다. 지루하
고 고된 일을 참고 견뎌내게 해주며, 인생의 여정에서 한 단계
한 단계 앞으로 나아가게 해준다. 꿈을 실현하는 과정에서 아
무리 힘들어도 '중지' 버튼을 누르지 말고 끈기를 가지고 꾸준
히 추진해야 한다.

● 꿈의 실현은 끈기 있는 사람에게 주어지는 선물이다. 의지와
억척스러움으로 버틸 때 마침내 원하는 것이 이루어지게 된다.

실천하기

- 고교 시절의 중요성을 인식한다.
- 나를 객관적으로 바라보고 꿈을 정한다.
- 미래 사회의 직업 세계를 예측하고 나의 직업과 진로를 설계한다.
- 꿈을 실현하기 위해 적극적으로 도전하고 노력한다.
- 꿈을 실현할 수 있는 구체적인 수단을 취한다.
- 꿈을 실현하는 데 도움이 될 지식을 쌓는다.
- 나의 불리한 여건에 대해서는 극복하는 방안을 찾는다.
- 성취 가능한 목표를 구체적이고 명확하게 정한다.
- 도전에 대해 적극적이고 긍정적인 마음을 가진다.
- 의미를 느낄 수 있는 일에 도전한다.
- '여기까지'라고 한계를 짓지 않는다.
- 어떤 일을 하기 전에 꼭 해내고야 말겠다고 결심한다.
- 할 수 없는 변명을 만들지 않고 할 수 있는 이유를 생각한다.
- 결심한 일은 반드시 실행한다.
- 일의 긴급함을 의식하여 곧바로 행동을 취한다.
- 해야 할 일을 미루지 않는다.
- 성실한 자세로 한 걸음 한 걸음 꾸준히 노력한다.
- 시간을 헛되이 쓰지 않는다.

토론하기

- 인생에서 고교 시절이 얼마나 중요하다고 생각하는가?
- 나의 꿈이 무엇이며 그 꿈을 정한 이유는 무엇인가?
- 꿈을 향한 목표와 계획은 무엇인가?
- 꿈을 실현하기 위해 지금 무엇을 실천하고 있는가?

네 꿈이 네 미래야

요즈음 저녁 늦게 친구에게 문자메시지를 보낼 때 '내 꿈 꿔^^'라는 문자를 보낸다더라. 하지만 내가 여기서 말하고자 하는 꿈은 자다가 꾸는 꿈이 아니고 네가 가지고 있는 포부나 이상, 간절한 소망을 말하는 거야.

네가 진짜 하고 싶은 게 뭐니? 누구나 삶을 살면서 이루고 싶은 꿈을 가지고 있어. 어쩌면 인생이란 이루고 싶은 꿈을 향하여 노력하는 과정이라는 생각이 문득 드네.

인생에서 꿈을 꾸는 것은 매우 중요해. 꿈은 인생의 밑그림이지. 꿈을 꾸지 않는 사람은 인생을 그저 그렇게 되는 대로 살아가는 사람이 되고 말 거야.

꿈은 바로 앞에 놓여 있는 주어진 상황이나 현실에 좌우되어서는 안 돼. 어떤 조건도 생각하지 말고 뭐든지 될 수 있고, 할 수 있고, 가질 수 있다고 여기고 꿈을 꿔 봐. 무엇이 가능한지를 따지지 말고 인생을 멀리 내다보면서 간절히 원하는 무엇인가가 바로 꿔야 할 꿈이야.

야망이 큰 너는 어떤 사람이 되어야겠다고 결심하고 있을 거야. 유명한 많은 사람의 말을 들어보면 감수성이 예민한 청소년 시절에 자신의 인생을 멀리 내다보고 꿈을 품고 목표를 결정하고 실행하여 이루어냈다고 하더라.

주어진 현실이나 환경에 주눅이 들어 꿈을 꾸는 것을 방해받지 마. 꿈을 품는 것은 자신만의 세계이며 누구도 간섭하거나 방해할 수 없어. 순수하고 호기심 많은 청소년 시절에 무한대의 꿈을 품지 않으면 앞으로 언제 원대한 꿈을 품어볼 수 있겠어? 나이를 먹을수록 점점 현실을 고려하여 꿈이 오그라드는 추세여서 말이야.

어떤 꿈이라도 좋으니 꿈을 꾸는 것을 주저하거나 두려워해서는 안 돼. 억누르지 말고 꿈을 꾸고 그 꿈을 펼칠 수 있도록 노력하면서 준비해야겠지.

앞으로 네 앞에는 꿈을 실현할 수 있는 무한한 가능성의 세계가 펼쳐져 있어. 꿈을 꾸는 것이 꿈을 실현하는 시작이야. 꿈을 꾸지 않고 그야말로 바람 부는 대로 그럭저럭 살아가겠다고 마음먹는다면 이는 의미 없는 인생이 되고 말 거야.

꿈을 꾸지 않으면 꿈 자체가 없으니 꿈의 실현은 고사하고 아예 꿈이 없는 인생이 되고 마는 거지. 꿈이 없는 사람은 살아 있어도 죽은 사람이나 마찬가지야.

자아가 왕성하게 형성되는 청소년 시절은 꿈을 꾸면서 앞으로 그 꿈을 실현하기 위해서 노력해야 하는 시기야.

꿈이 있으면 아무리 힘든 일이 있더라도 능히 견뎌 나갈 힘과 용기가 생기는 법이야. 과거에 무슨 일이 있었건, 현실적인 제약으로 아무리 어렵더라도 미래를 향해 뚜벅뚜벅 준비를 해 나갈 수 있는 거야. 바로 꿈을 가지고 있는 자체가 미래로 향하고 미래를 바꾸는 힘인 셈이지.

꿈을 실현하기 위해서는 실현을 위해 네가 지금 할 수 있는 최선의 노력을 기울여야 해. 그래야 백 퍼센트는 아니더라도 꿈의 실현에 다가가거나 상당한 실현을 할 수 있겠지.

꿈을 가지고만 있고 노력을 기울이지 않으면 아무 소용이 없어. 꿈은 머리로 생각하고 가슴으로 느끼는 것에서 출발하지만 거기서 머물지 말고 실행하면서 노력해야 이룰 수 있는 거야.

사춘기를 겪거나 질풍노도의 시기에 방황할 수도 있지만 꿈을 꾸고 실현의 의지를 잃어버려선 안 돼. 꿈을 꾸고 실현의 의지를 가지고만 있다면 언젠가는 방황을 끝내고 꿈을 향해 나아가게 되겠지.

너처럼 자신의 꿈을 간절하게 실현하고 싶은데 방황할 틈이 어디 있겠어? 꿈을 향해 매진하기에도 바쁜데 말이야.

지금 눈앞에서 펼쳐지는 위대한 발명품과 상상하기조차 힘든 과정을 겪은 다음에 자신의 꿈을 이룬 위대한 사람들을 보면 불가능한 꿈은 없어.

네가 꾸고 있는 꿈이 실현될 것이라 믿고 열정과 노력으로 차근차근 준비해 나가길 바라.

인생은 꾸는 꿈의 소산이야. 사람의 크기는 바로 붙들고 씨름하는 꿈의 크기이지. 위대한 사람은 인생을 걸 수 있는 큰 꿈에 매달리지. 위대한 사람은 위대한 꿈을 가지고 있고 평범한 사람은 평범한 꿈을 가지고 있어. 작은 꿈을 꾸면 피를 들끓게 하는 열정을 발휘하지 못하는 법이야.

　오늘 꾸는 꿈이 내일의 자신을 만들어. 꿈이 크다면 인생도 커지게 마련이지. 아름다운 꿈을 가지고 있다면 인생도 아름다워질 수 있어. 그러니 위대한 사람이 되고 싶다면 위대한 꿈을 가져야겠지.

　꿈을 크게 가져. 큰 꿈을 품으면 크게 되지만 작은 꿈을 가지면 작은 것밖에 이루지 못하지. 상황에 따라 애초에 가지고 있었던 꿈보다 더 크게 실현되는 경우도 있지만, 그것은 그야말로 예외적인 경우야.

　꿈을 크게 가져야 안주하지 않고 꿈을 이루기 위해 지속적인 노력을 기울이지만, 꿈이 작으면 그 꿈을 쉽게 이루고 나서는 안주하여 더는 노력을 기울이지 않으니 발전이 되지 않고 정체하기 마련이지.

　물론 애초에 꾸었던 꿈이 변화되기도 하고 꿈의 크기가 줄어들기도 하는데 그것은 자연스러운 현상이야. 그것은 사회적 환경의 변화나 추세와 자신의 능력을 꿈에 맞추고 조절해 나가는 과정이라고 볼 수 있겠지.

　무턱대고 꿈을 크게 가져서도 안 되겠지만 지나치게 사회 변화와 자신의 능력을 의식하여 꿈을 축소하지는 마.

　너는 어떤 꿈을 가지고 있는가? 야망에 불타는 너는 꾸는 꿈의 크기에 따라 인생의 크기가 결정됨을 명심하고 큰 꿈을 가지고 앞으로 나아갈 것을 굳게 믿는다.

- 윤문원 ≪길을 묻는 청소년≫
　　　　　　중에서

정리하기

◉ 고교 시절은 인생에서 매우 중요한 시기이다.

◉ 고교 시절에 무엇이 되겠다고 결심하고 선택하는 행위가 인생과 직결된다.

◉ 고교생들 앞에는 창창한 미래가 기다리고 있다.

◉ 고교 시절은 가슴이 뜨겁게 뛰어야 한다.

◉ 인간으로서 꿈을 품고 실현하기 위해 노력하는 것은 당연하고 바람직한 일이다.

◉ 사람의 크기는 자신이 가지고 있는 꿈의 크기다.

◉ 미래지향적으로 산다는 것은 꿈의 실현을 위해 노력하는 삶이라는 뜻이다.

◉ 꿈의 실현을 위해 목표를 명확하게 설정해야 한다.

◉ 위대한 꿈은 하루아침에 이뤄지지 않는다. 끈기와 인내를 가지고 시련과 장애물을 극복해야 한다.

◉ 꿈과 삶의 목적은 다르므로 꿈의 실현을 통한 의미 있는 삶을 살아야 한다.

◉ 목표는 삶의 방향을 잃지 않게 하는 북극성이자 나침반이다. 인생에서 목표가 없다면 아무 데도 갈 수 없다.

◉ 목표를 설정하면 성취를 위해 현실적으로 어떤 노력을 기울여야 할 것인지를 심사숙고해야 한다.

◉ 꿈을 실현하기 위해서는 용기와 자신감을 가지고 도전하고, 끈기와 성실로 실행해 나가야 한다.

확인하기

1 다음 중에서 꿈의 의미가 아닌 것은 무엇인가요?

① 인생이란 꿈을 향해 노력하는 과정이다

② 꿈을 가지는 것은 자신만의 세계이다

③ 꿈은 때로는 현실을 고려하여 억눌려야 한다.

④ 꿈은 인생의 밑그림이다.

2 문장을 읽고 O·X를 표시 하세요.

삶에서 목표를 달성하는 방법은 단기적인 목표를 정하지 않고 장기적인 목표를 향해 노력해야 한다. (   )

3 다음 중 알맞은 것을 고르시오.

> 1972년 미국 잡지 〈라이프〉에 '꿈을 성취한 미국인'으로 대서특필된 사람은 누구인가요?

① 마틴 루터 킹   ② 록펠러   ③ 존 고다드   ④ 루즈벨르

4 빈칸에 적절한 단어를 기입하세요.

목표는 삶의 방향을 잃지 않게 하는, 밤하늘에 빛나는 (   )이자 손에 들고 있는 (   )이다.

5 미래에 꿈을 이룬 나의 모습을 상상하여 자신에게 편지를 써 보세요.

2 창의성

📖 **학습목표**
- 현대 사회에서의 창의성의 의미와 중요성을 설명하고 열거할 수 있다.
- 창의성을 발휘하기 위한 자세와 방법을 설명하고 실천과제를 열거할 수 있다.

1 현대 사회와 창의성

상상이 지식보다 중요한 시대

- 불가능하다고 입증되기 전까지는 모든 것이 가능한 시대이다. 불가능한 것도 현재 불가능한 것일 뿐이지 언젠가는 가능해지는 시대다. 지식은 한계가 있지만, 상상은 세상의 모든 것들을 가능하게 만들기 때문이다.

- 모든 문명은 상상의 산물이다. 상상은 창조의 시작이며 미래는 상상 속에 존재한다. 상상해야 꿈을 실현할 수 있다. 바라는 것을 상상하고 상상한 것을 의도하고 의도한 것을 창조하는 것이다. 처음에는 상상이 비현실로 보이지만 '상상의 세계'가 '현실의 세계'로 바뀐다.

창의성은 독창적으로 차별화하는 것

- 세상에서 나만이 만들어낼 수 있는 가치, 내가 표현하지 않으면 다른 누구도 표현할 수 없는 그 무엇을 창조해야 한다.
- 남과 다른 것은 두려움의 대상이 아니라 추구해야 할 방향이다.

- 남들과 다르다는 이유만으로 꼭 필요한 사람이 되는 것은 아니지만, 꼭 필요한 사람이 되는 방법은 남들과 달라지는 것이다. 남들과 다를 것이 없다면 무수한 사람 중 한 명에 불과하므로 자신만의 독특한 색깔을 지닌 사람이 되도록 노력해야 한다.

창의성은 새로운 길을 내는 것

- 늘 다니던 길을 벗어나 다른 길을 가보아야 한다. 남들이 모두 가는 길이 언제나 바른길은 아니므로 때로는 남들과 다른 길을 선택하여 가야 한다. 익숙한 것에서 벗어날 때 비로소 새로운 길이 보이고 혁신적인 아이디어가 나온다.
- 낯선 것을 두려워하지 말고 익숙한 것을 두려워해야 하며 다수에 휘둘리지 말고 자신만의 가치를 지녀야 한다.

스티브 잡스(Steve Jobs, 1955~2011)
미국의 기업인. 1976년 애플을 창업하여 혁신적인 기술과 디자인으로 선풍을 일으킴. 1985년 경영분쟁으로 애플에서 나옴. 1996년 복귀하여 혁신적인 경영으로 성공을 이끌다가 췌장암으로 2011년 10월 5일 사망함.

2 창의성은 반동의 축복

🎬 스티브 잡스의 창의성

'경제에 디자인과 창의성을 도입한 인물' '세상에서 가장 창의적인 경영자' 전 세계 언론과 경영학자들이 애플 컴퓨터의 창업자이자 전 CEO인 고 스티브 잡스에게 헌상한 수식어다. 그가 창안한 제품과 서비스는 세상을 뒤흔들었다. 그는 '창조경영'으로 세계인의 생활양식과 문화 자체를 바꾼 디지털 혁명가였다. 다가올 시대에 대한 확고한 비전과 상상력, 비전을 설득하고 실현해내는 창조적 리더십이 그를 이 시대 가장 위대한 경영자로 만들었다.

그는 단순히 제품을 만들어 파는 사업가가 아니었다. 기성체제에 얽매이지 않고, 이루고자 하는 꿈에 매달리는 잡스의 집중력과 추진력은 기업경영에 고스란히 반영됐다. 그는 창의성과 상상력을 강조하면서 임직원들에게 끊임없이 '주문'을 걸었다. "다르게 생각하라!", "미칠 정도로 멋진 제품을 창조하라!", "단순한 제품을 넘어 시대를 상징하는 '아이콘(icon:우상)'을 만들자!", "즐기면서 일하자!"는 화두를 던지면서 직원들을 사로잡았다.

창조는 위대한 혁명

● 진화의 시대는 가고 혁명의 시대가 도래되어 바야흐로 반역의 시대이다. 역발상이 창조와 상상력의 원천이다.

● 세상 사람들이 옳다고 하는 것이 언제나 옳은 것이라 생각하기 보다는 당연히 옳다고 생각하는 것을 의심해 보아야 한다. 때로는 진리를 의심하고 사물을 거꾸로 바라보아야 한다.

위대한 창조는 반동의 축복

널리 인정받는 주장과 믿음에 의문을 제기하고 당연함을 당연하지 않다고 생각하는 것에서 창조가 시작된다. 창조를 위해서는 당연함을 벗어나야 하며 '왜?'라는 호기심이 발동되어야 한다.

꿀벌이 아닌 게릴라

착실하게 주어진 일만 열심히 수행하는 꿀벌과 같은 사고방식에서 탈피해야 한다. 틀에 박힌 성실한 꿀벌의 능력을 가진 사람보다는 파격적인 아이디어를 행동으로 옮기는 창의적인 게릴라가 되어야 한다. 누구도 상상하지 못한 창의력과 발상으로 무장한 게릴라처럼 일해야 한다.

비상식적인 것이 창조의 씨앗

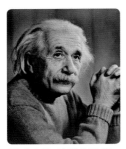

알베르트 아인슈타인
(Albert Einstein,
1879~1955)
독일의 물리학자. 그의 일
반상대성이론은 현대 물
리학에 혁명적인 지대한
영향을 끼침. 1921년 노벨
물리학상 수상.

🎬 알베르트 아인슈타인 어록

> 새로운 아이디어에 엉뚱한 구석이 없으면 그 아이디어는 별로 희망
> 이 없다. 위대한 정신은 언제나 평범한 정신으로부터 격렬한 반대에
> 부딪힌다.

● 독창적인 아이디어는 그 아이디어가 '비상식적'이라고 판단되는
데서 시작된다. 독창적 아이디어란 원래 비상식적이고 엉뚱하
기 마련이므로 독창적이 되는 것이다. 비상식을 두려워해서는
안 된다.

● 창조적인 사람이 되고 싶다면 '이상하다'는 소리쯤은 들을 각오
를 해야 한다. 세상의 위대한 발명은 처음에는 이상하고 무모
해 보이지만 현실이 되어 세상을 변화시킨다.

● 창조를 위해서는 남의 눈을 의식하기 보다는 내면의 소리에 더
욱 초점을 맞춰야 한다.

3 창의성을 발휘하기 위한 자세

레오나르도 다 빈치
(Leonardo da Vinci,
1452~1519)
이탈리아 르네상스를 대표
하는 화가이자 조각가·발
명가·건축가·기술자·해부
학자·식물학자·천문학자·
지리학자·음악가. 호기심
이 많고 창조적인 인간이
었음.

🎬 레오나르도 다 빈치처럼 생각하는 일곱 가지 원칙

• 레오나르도 다 빈치는 다양한 분야에 걸쳐 균형을 갖춘 창조적
사고를 한 사람이다. 마이클 겔브가 이를 소개한 내용은 다음과
같다.

> • **호기심** – 호기심은 발명과 발견의 발전소다.
> • **실험 정신** – 무엇이든 의심하고 실험해라. 실수에서 배워라.

- **오감** – 감각의 날을 세워라. 그만큼 세상도 열린다.
- **낯섦** – 낯선 것에 도전해라. 낯선 것이 창의적 솔루션을 가져온다.
- **전뇌사고** – 뇌 전체로 사고할 때 입체적인 생각이 가능하다.
- **양손 쓰기** – 양손 쓰기를 통해 균형 감각을 키워야 한다.
- **연관사고** – 모든 사물과 현상의 얽힘 속에 창의가 숨어 있다.

기존의 틀을 깨기

조셉 슘페터 어록

"현재를 파괴해야 미래를 가질 수 있다. 창조는 파괴의 또 다른 이름이다. 리스크를 두려워하면 창조는 없다. 새로운 것에 대한 도전은 엄청난 리스크를 떠안는다. 반면 도전의 성공은 미래 시장 지배라는 천문학적 가치의 과실을 보상받는다.

조셉 슘페터(Joseph A. Schumpeter, 1883~1950) 오스트리아 태생의 미국 경제학자

- 기존의 틀에 도전하는 것이 위대한 창조의 첫걸음으로 파괴할 용기가 없으면 창조를 이룰 수 없다.
- 발전을 위해서는 '창조적 파괴'의 질풍이 필요하다. 창조적 파괴로 '어제의 시간표'를 찢고 '과거의 성공'을 해체해야 한다.

발상의 파괴

- 자신이 창조적이라고 생각해야 창의력이 마술처럼 일어나며 열정으로 가득한 호기심을 가져야 한다.
- 적극적으로 상상력을 발휘하면서 끊임없는 탐구 정신으로 혁신에 몰입해야 한다.
- 규제와 울타리 금기가 없이 실험하고 혁신에 도전하며 매너리즘 타파와 발상의 전환을 넘어 발상을 파괴해야 한다.

〈샘〉(1917)

마르셀 뒤샹(Marcel
Duchamp, 1887~1968)
프랑스의 미술가. 전통적
인 선입견을 깬 작품 세계
를 펼쳐 상상 파괴주의자
라는 찬사를 받았음.

새로운 눈 '샘'

● 마르셀 뒤샹은 기존의 화장실 변기를 새로운 관점으로 바라보
고 * 〈샘〉이라는 제목을 붙였다.

● 진정한 발견은 새로운 것을 찾는 것이 아니라, 새로운 눈으로
보는 것이다. 관점을 변화시킴으로써 평범한 것을 비범하게 만
들 수도 있고, 특별하다고 생각하는 것을 새롭지 않다고 인식
할 수도 있다. 보고 있으면서도 보지 못한 것이 무엇인지 찾아
보아야 한다. 소소한 것에서 무언가 새로운 것을 포착하려고
노력해야 한다.

선입견 지우기

● 눈 속에 무엇이 끼어 있으면 무엇을 보더라도 잘못 본다. 귓속
에 이명이 있으면 무엇을 듣더라도 잘못 듣는다.

● 새로운 것이 들어올 수 있도록 마음을 비워두면 올바른 판단
에 이른다.

고정관념 버리기

안토니오 비발디
(Antonio Vivaldi,
1678~1741)
이탈리아 베네치아의 성직
자, 작곡가이자 바이올린
연주가.《사계》의 작곡가.

 비발디의 바이올린

• 비발디는 어떻게 관중들의 고정관념을 깼을까?

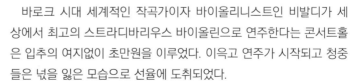

　바로크 시대 세계적인 작곡가이자 바이올리니스트인 비발디가 세
상에서 최고의 스트라디바리우스 바이올린으로 연주한다는 콘서트홀
은 입추의 여지없이 초만원을 이루었다. 이윽고 연주가 시작되고 청중
들은 넋을 잃은 모습으로 선율에 도취되었다.
　'역시 악기가 좋으니까 저런 소리가 나는 거야.' 청중들은 누구나 그
렇게 생각했다. 그런데 연주가 그치자 청중들이 무대 위를 바라보는
순간 비발디는 갑자기 바이올린을 높이 쳐들었다가 힘껏 내리쳤다.

바이올린은 산산조각이 나고 말았다. 놀란 청중들은 소리를 지르며 일제히 일어났다. 세계적인 명기 스트라디바리우스를 저렇게 내동댕이치다니, 도저히 있을 수 없는 일이었다.

그때 또 하나의 바이올린을 들고 등장한 사회자가 놀란 청중에게 말했다. "여러분 놀라지 마십시오. 저것은 스트라디바리우스가 아닙니다. 아무데서나 구할 수 있는 보통의 바이올린입니다. 비발디 선생은 여러분에게 참된 음악은 악기에 있는 게 아니라는 것을 보여드리려고 한 것입니다."

- 창의적인 인간이 되려면 고정관념에서 탈피하여 '생각의 고인 물'이 아니라 '생각의 흐르는 물'에 몸을 적셔야 한다.
- 창의성을 가로막는 장애물인 고정관념에 사로잡히지 않아야 창조력을 발휘할 수 있다. 어떻게 새롭고 혁신적인 생각을 떠올리느냐가 아니라 어떻게 낡은 생각을 떨쳐내느냐이다. 고정관념을 파괴하고 새로운 생각의 틀을 짜고 새로운 시각으로 세상을 바라보아야 한다.

직관력 발휘

🎬 아르키메데스의 직관

- 아르키메데스는 어떻게 직관력을 발휘했을까?

아르키메데스는 기원전 3세기 무렵에 살았던 철학자이자 수학자이자 과학자이다. 원주율이 3.14라는 사실을 처음 밝혀냈으며 '부력의 원리'를 이용해 황금 왕관이 순금으로 만든 것인지 아닌지를 밝혀냈다.

새로 왕위에 오른 시라쿠사의 히에로 2세는 순금으로 된 황금 왕관을 만들어 왕실의 위엄을 보여줘야겠다고 생각하고 금 세공사에게 순

아르키메데스(BC 287~BC 212)
고대 그리스의 철학자·수학자·천문학자·물리학자·공학자.

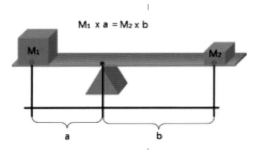

$$M_1 \times a = M_2 \times b$$

금을 주어 만들게 하여 완성된 금관을 받고 은이 섞인 것이 아닌지 의심했다. 하지만 확인할 방도가 없자 아르키메데스에게 사흘의 시간을 주면서 이 문제를 해결하라고 했다.

아르키메데스는 이틀 동안 머리를 싸매고 고민했지만 좋은 방법이 떠오르지 않자 머리를 식힐 겸 목욕탕에 가서 탕에 몸을 담그자 물이 탕 밖으로 흘러넘쳤다. 그때 아르키메데스의 머릿속에 무언가가 번뜩 스치고 지나갔다. 문제의 해결 방법이 떠올랐다. 아르키메데스는 벌떡 일어나 벌거벗은 채 거리를 달리며 "유레카! 유레카! (알아냈다! 알아냈다!) 드디어 왕관의 비밀을 풀 방법을 알아냈다!"라고 외쳤다.

이때 발견한 것이 '아르키메데스의 원리'이며 '부력의 원리'라고도 한다. 아르키메데스는 탕에 들어갔을 때, 자기 몸이 들어간 만큼 흘러넘친 양이 자신의 부피와 같다는 것을 깨달은 것이다.

인류 역사가 시작된 이래 수천, 수만, 아니 수억의 사람들이 목욕을 했지만, 비중의 원리를 발견한 이는 아르키메데스뿐이었다. 이는 평소의 지식과 경험으로 무장된 직관 덕분이었다.

아이작 뉴턴(Isaac Newton, 1642~1727) 영국의 물리학자이자 수학자.

🎬 뉴턴과 만유인력의 법칙

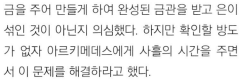

아이작 뉴턴은 사과가 떨어지는 것을 보고 만유인력을 발견했다. 사과를 보는 순간 사과에서 연상되는 어떠한 것을 생각한 것이다.

🎬 로댕의 생각하는 사람

어느 날 조각가 로댕(Rodin)이 한 바위 앞에 섰다. 바위는 거칠기만 한 화강암이었다. 로댕에게 그 바위는 인생을 깊이 생각하며 고민하는 한 젊은이로 보였다. 얼마 후 이 바위는 인류의 마음을 울리는 명작 '생각하는 사람'이 됐다.

〈생각하는 사람〉
로댕(Auguste Rodin, 1840~1917)

🎬 와트와 증기기관차

> 펄펄 끓고 있는 물 주전자를 무관심하게 쳐다본 사람은 많다. 그러나 제임스 와트(James Watt)는 거기서 증기 기관차를 보았다.

🎬 프랭클린과 전기

> 번개를 보고 무서워하는 사람은 많다. 그러나 벤저민 프랭클린(Franklin)은 그 속에서 어둠을 밝힐 전기를 봤다.

- 직관을 발휘하는 사람은 아이디어를 떠올리고 창의성을 발휘할 수 있는 능력을 갖추고 있다.

- 직관은 면밀한 의도나 계획에서 오는 것이 아니라 가슴으로부터 나오며 때때로 느낌이 결정적인 역할을 한다. 직관의 힘은 경험에서 나오며 창의적으로, 긍정적으로, 성실하게 살아온 사람에게 섬광처럼 주어지는 것이다.

- 순식간에 지나가는 생각이나 심상을 포착하기란 쉽지 않다. 잠재된 무의식의 세계에서 의식의 세계로 어느 순간 빛처럼 솟아나오는 것이 직관이다. 꿈을 꾸거나 책을 읽거나 산책, 여행, 명상 중에도 직관은 활발하게 작동한다.

- 〈전원 교향곡〉을 작곡한 베토벤처럼 직관의 통로를 거쳐 숲 속 새소리를 들으면서 생명력이 넘치는 아름다운 악상을 떠올려 훌륭한 작곡을 할 수 있고, 인상파 그림을 개척한 모네처럼 길 위의 들꽃을 보고 예술성이 넘치는 그림을 그릴 수 있고, 발명왕 에디슨처럼 늘 하는 일을 다시 한 번 생각해 보고 미래를 생각하는 순간 발명의 아이디어를 떠올릴 수 있다.

벤저민 프랭클린
(Benjamin Franklin, 1706-1790)
미국의 과학자이며 외교관이자 정치가. 피뢰침과 다초점 렌즈 등을 발명. 미국 독립에 크게 이바지하는 업적을 남겨 100 달러 지폐에 초상화가 실려 있음.

실천하기

- 창의성이 시대의 아이콘임을 인식한다.

- 나만이 할 수 있는 일이 무엇인지 늘 생각한다.

- 선입견이나 고정관념을 버리고 열린 생각을 한다.

- 매사에 호기심을 가지며 상상의 나래를 편다.

- 거꾸로 뒤집어놓고 사고하는 창조적 역발상을 하는 습관을 들인다.

- 당연한 것을 새로운 시선으로 바라보고 새로운 것을 찾아내려고 노력한다.

- 아이디어 노트를 작성하며 단순 메모가 아니라 마인드 맵핑(Mind Mapping) 방식으로 작성해 본다.

- 많은 다양한 경험과 사색으로 통찰력을 기른다.

 토론하기

- 창의적인 사람이 되기 위해서는 어떤 자세를 가져야 할까?

꿀벌이 되지 말고 게릴라가 되어라

아마도 너는 스마트폰을 사용하면서 '참 희한하다. 이렇게 편리하고 유용한 물건이 있다니...' 하면서 마음속으로 놀라움을 금치 못했을 거야. 더구나 수시로 신제품과 프로그램이 출시되고 개발되면 새삼 더 놀라워하겠지. 이 스마트폰은 창의성으로 똘똘 무장한 스티브 잡스가 없었다면 이렇게 빨리 발명될 수 없었을지 몰라. 세계적인 IT 천재 스티브 잡스는 세상을 떠났지만 한 사람의 창조성 발휘가 세계 문명과 인류 사회에 얼마나 큰 영향을 미치는지 느끼고 있겠지.

현재 네가 누리고 있는 모든 문명은 상상의 산물이야. 상상만 할 수 있으면 창의성을 발휘하여 그 상상을 실현하는 것이 가능한 시대야. 상상하는 것은 무엇이든 만들 수 있고 할 수 있지. 자동차, 선박, 비행기, 첨단무기, 인공위성 등 대단한 발명들도 처음 그 씨앗은 작은 공상에서 비롯되었어. 하지만 이런 작은 공상이 상상으로 발전하여 실현됨으로써 인류의 삶을 획기적으로 변화시키고 있는 거지. 상상하는 것 자체가 바로 창조일 수 있어. 어제의 불가능이 오늘의 현실로 네 눈앞에 펼쳐지고 있지 않니?

피 끓는 청소년 시절에 공상과 상상과 환상을 하지 않으면 언제 할 수 있겠어? 마음껏 공상과 상상과 환상의 나래를 펴 봐. 아마도 나이 들게 되면서 공상과 상상

과 환상을 하는 것이 점점 줄어들 거야. 현실에 비추어 합리적인 것, 달성
가능한 것만 생각하지 말고 불가능해 보이는 공상과 환상과 상상을 해보라는 거지.
아마도 지금은 불가능해 보일지 몰라도 언젠가는 현실이 될 수 있어.

너도 잘 알 거야. 굳이 제목을 말하지 않더라도 판타지 소설이나 영화가 얼마나 폭
발적인 인기를 끌고 있다는 사실을 말이야. 이처럼 공상이나 환상이나 상상은 그 자체

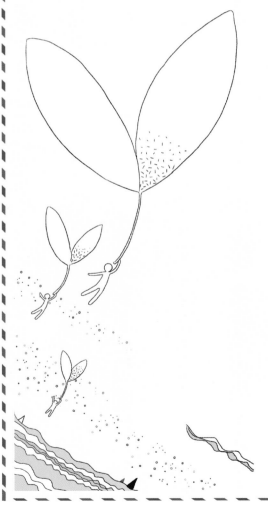

로 끝나는 것이 아니라 얼마든지 부가가치
를 창출할 수 있어. 그러니 공상과 환상과
상상하는 것이 바로 창의성을 발휘하는 것
이지. 요즈음 네 또래의 청소년들이 각종
발명 대회에서 두각을 나타내고 있어. 심지
어 정교한 컴퓨터 프로그램과 앱을 개발하
고 로봇까지 발명하는 학생이 있더라. 창조
적인 발명 하나가 어마어마한 부가가치를
창출하지.

창의성 발휘가 대단한 발명이라고 생각하
지 말고 과학 분야에만 있는 것으로도 생
각하지 마. 제품으로서의 발명품도 있지만,
소프트웨어, 영화, 음악, 미술, 소설뿐만 아
니라 운동, 요리, 미용 등 모든 분야에서 창
의성을 발휘할 수 있어. 세계인들을 사로잡
았던 《해리포터 시리즈》의 작가 조앤 롤링
은 어릴 때부터 공상과 상상하는 것을 좋아
했다고 해. 상상력을 발휘한 판타지 소설로
전 세계를 사로잡아 명성과 함께 막대한 돈
을 벌었어. 때로는 '무엇을 만들어야 하는
가? 무엇을 개선해야 하는가?'를 상상하는

것만으로도 창의성이 될 수 있어. 현재 되어 있거나 하고 있는 일을 좀 더 나은 방향으로 바꾸어 보는 것도 창의성이지.

현대 사회는 창의성이 주목받는 시대로 '창의적인 괴짜'가 인재야. 게리 해멀은 《꿀벌과 게릴라(원제 Leading the Revolution)》에서 "착실하게 주어진 일만 열심히 수행하는 꿀벌과 같은 20세기의 사고방식에서 탈피해 창의력과 상상력으로 무장한 행동가이자 혁명가인 게릴라가 되라"고 강조하고 있어. 지식이 많거나 묵묵히 주어진 일만 하는 꿀벌 같은 사람이 아니라 '창의적인 괴짜'인 게릴라가 두각을 나타내고 인정받는 시대라는 거지.

만약 너만의 '다름'을 가지고 있다면 높은 가치를 가지고 대우를 받을 수 있어. 창의성을 지닌 연구 분야 종사자들, 예술인, 운동선수 등 모든 분야에서 자신만이 가지고 있는 창의성, 독창성을 발휘하여 꿈을 이룬 인생을 보고 있지 않니? 너는 앞으로 무슨 일을 하든지 창의성이 최고의 경쟁력임을 명심해. 독보적인 존재가 되어야 해. 세상 사람들이 모두 옳다고 하는 것이 언제나 옳은 것은 아니며, 남들이 모두 가는 길이 언제나 바람직한 길은 아니야.

창의성은 대중과 다른 길을 걷는 '반동의 축복'이야. 남들이 하지 않고 가지 않은 길에 처음 도전하는 것은 무모해 보이지만 처음부터 무모해 보이지 않는 일에는 커다란 창조가 없어. 과감하게 나만의 길을 가야만 위대한 창조를 잉태하면서 진정으로 빛나는 인생을 살아갈 수 있어. 사고의 유연성을 발휘할 수 있는 청소년 시절에 창의성을 기르는 생각의 습관을 길들여야겠지.

- 윤문원 《길을 묻는 청소년》 중에서

정리하기

- ◉ 현대 사회는 창의성을 발휘할 수 있는 상상력이 중요한 시대이다.

- ◉ 불가능하다고 입증되기 전까지는 모든 것이 가능한 시대이다.

- ◉ 상상은 모든 것들을 가능하게 만들 수 있다.

- ◉ 상상은 창조의 시작이며 미래는 상상 속에 존재한다.

- ◉ 남과 다른 독창성은 축복이며 추구해야 할 방향이다.

- ◉ 익숙한 것에서 벗어날 때 혁신적인 아이디어가 나온다.

- ◉ 역발상이 창조와 상상력의 원천이다.

- ◉ 당연한 것에 대해 역발상을 하는 습관을 들여야 한다.

- ◉ 주어진 일만 열심히 하는 꿀벌이 아니라 창조적인 게릴라가 되어야 한다.

- ◉ 비상식적인 것이 창조의 씨앗이다.

- ◉ 새로운 시선으로 바라보고 기존의 틀을 깨고 새로운 틀을 만들어야 한다.

- ◉ 매사에 호기심을 가지고 새로운 시선으로 바라보아야 한다.

- ◉ 선입견과 고정관념을 버리고 열린 생각을 해야 한다.

- ◉ 직관으로 아이디어를 떠올리고 창의성을 발휘해야 한다.

확인하기

1 다음 중에서 창의성과 관련된 내용을 바르게 설명한 것이 아닌 것은 무엇인가요?

① 현대 사회는 창의성의 기반이 되는 상상력이 지식보다 중요하다.

② 세상에서 나만이 만들어낼 수 있는 가치가 경쟁력이다.

③ 익숙한 것을 두려워하지 말고 낯선 것을 두려워해야 한다.

④ 창의성은 반동의 축복이다.

2 다음 중에서 창의성을 발휘하기 위한 자세를 바르게 설명한 것이 아닌 것은 무엇인가요?

① 기존의 틀을 깨고 새로운 틀을 만들어야 한다.

② 발상 자체는 파괴해서는 안 된다.

③ 선입견과 고정관념을 버려야 한다.

④ 직관력을 발휘해야 한다.

3 빈칸에 적절한 단어를 기입하세요.

창의적인 사람이 되기 위해서는 주어진 일만 열심히 하는 꿀벌이 아니라 창조적인 (   )가 되어야 한다.

4 창의성을 발휘하기 위한 자세에 대해 적어 보세요.

PART

02

8대 인성덕목

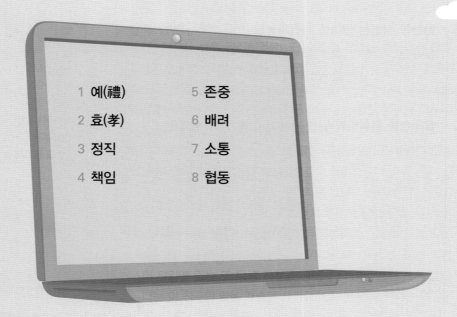

1 예(禮)

📋 **학습목표**
- 예절의 본질과 효과를 이해하고 예절 바른 방법을 말할 수 있다.
- 사이버 예절의 내용을 이해할 수 있다.
- 겸손의 의미를 인식하고 겸손한 자세를 설명할 수 있다.
- 예절 바른 용모에 대해 설명할 수 있다.

1 예절의 본질

예절의 의미

- 예절은 공동체에서 원만한 인간관계를 위해 오랫동안 함께 살아오면서 형성된 행위 양식이나 생활 방식이다.

- 예절은 상대방을 존중하는 정신을 표현하는 형식으로 이루어지며 말과 행동과 몸가짐에서 나타난다. 타인을 공경하는 마음이 있으면 말과 행동과 몸가짐에 예를 갖추어 하지만 타인을 무시하는 마음이 있으면 함부로 대한다.

예절이 없는 사람

- 인간에게 인간의 본질인 예절이 없다면 인간이라고 말하기 어려우며 동물과 다를 바가 없다. 내 마음대로 행동하고 내 마음대로 말하는 것이 자유이고 개성이라면 그것은 자제력과 이성을 상실한 인간이지 인간다운 인간은 아니다.

- 개인의 자유를 중시하는 현대인에게 개인의 행동은 고유한 권한으로 인식되지만 모든 사람이 자신의 자유만을 생각하며 마음대로 행동한다면 질서도 없고 혼란에 빠질 것이다. 혼자 살

면서 아무런 인간관계도 맺지 않고 지낸다면 어떤 예절도 필요
하지 않겠지만, 인간은 사회적 존재로 더불어 살아가야 하므로
예의가 필요하다.

예절은 내면의 인격

- 예절은 자신을 조금 억제하고 상대방에게 맞추려고 하는 분별
  과 양식 있는 행위로 정중함과 상냥함이다. 인간은 예절을 통
  해서 자신을 드러내게 되고, 타인은 그것을 통해서 그 사람을
  측정하고 인격을 판단하게 된다. 예절이 바르면 좋은 평가를
  받는다.

- 예절은 자신과 공동체를 위해서 필요한 것이다. 예절은 자신을
  보호하는 틀이며 공동체의 조화와 유지를 위한 약속이다. 개
  인에게 있어서는 자제력을 발휘하여 참다운 인간을 만들어주
  고 공동체 안에서는 타인에 대한 배려와 조화로운 삶을 영위
  하도록 만든다.

2 예절의 효과

🎬 채플린 어록

> 우리 모두가 작은 예의범절에 조심한다면, 우리의 인생은 더 살기
> 쉬워진다.

예절은 자신을 위한 것

- 상대방에게 예의를 다하면 상대방도 예의를 다한다. 내가 남을

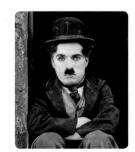

찰리 채플린 경(Charlie
Chaplin, 1889~1977)
미국의 희극 배우.

정성스레 대하면 타인도 나를 정성스럽게 대하지만 내가 타인을 함부로 대하면 타인도 나를 함부로 대하게 된다.

- 예절은 궁극적으로 자신을 위한 것이다.

인간관계와 예절

- 예절은 인간관계를 부드럽고 편안하게 만들어주면서 다른 사람의 마음으로 들어갈 수 있는 출입증이다. 무례하고 거친 태도는 마음의 문을 닫게 하지만 예의 바른 행동은 마음을 열게 한다.
- 인간관계에서 예의를 지키도록 노력해야 한다. 예의를 지키면 사람들에게 기쁨을 주면서 호감을 얻게 된다.

예의와 꿈의 실현

- 예의는 꿈을 실현하는 데 큰 도움이 된다. 예의 바른 태도가 부족하여 실패하는 경우가 많다. 꿈의 실현은 자신의 재능만이 아니라 인간관계에서 오는 경우가 많다.
- 정중함과 공손함이 꿈의 실현을 결정할 수 있다. 예의로 자신을 지키고 꿈에 다가가야 한다.

3 예의 바른 사람이 되는 방법

부단히 갈고닦음

- 인간이란 본래 완벽한 존재가 아니다. 다이아몬드도 연마 과정을 거쳐야 빛나는 보석이 되는 것처럼 사람도 마찬가지다. 예의는 결심하고 길들이면 익힐 수 있다.

- 예의는 평소의 습관이 쌓여 만들어진다. 공손하게 말하고 겸손하게 행동하고 단정한 몸가짐을 하는 습관이 몸에 배면 자연스럽게 실천하게 된다. 말과 행동과 몸가짐은 습관처럼 굳어지기 때문에 어렸을 때부터 가르치고 배워서 몸에 배도록 해야 한다.
- 예의가 바른 사람의 좋은 본보기를 평소에 관찰하고 본받아 몸에 익혀야 한다.

스스로 판단하여 행함

- 수많은 상황에서 어떻게 예의를 실천해야 하는지에 대해서는 건전한 상식을 가지고 스스로 판단하여 행하면 된다.
- 제대로 판단할 능력이 있는 사람은 스스로 실천할 수 있으며 누가 자신에게 해주기를 바라는 대로 행하면 된다.

인사를 잘함

- 인사는 단순한 형식이 아니라 상대방에게 자신을 나타내는 손쉬운 방법이며 상대방에 대한 인정이자 존중의 표현이다. 전류가 흐르면 불이 환히 밝혀지듯이 인사가 사람사이에 흐르면 인간관계도 환히 밝혀진다. "안녕하세요?"라는 인사 한마디가 좋은 인간관계를 유지하고 발전시킨다.
- 인사성 하나가 얼마나 교양이 있는지를 나타낸다. 인사는 모자란 것보다는 지나친 것이 낫다.

가까운 사이일수록 예의를 지킴

- 가족이나 친한 사이에서 스스럼없이 편안하게 느끼는 것은 좋지만 가까운 사이일수록 침범해서는 안 되는 영역이 있으며 지

켜야 할 예의가 있다. 상대방의 입장이나 기분은 아랑곳하지 않고 멋대로 말하고 행동하고 아무렇게나 몸가짐을 해서는 안 된다. 그러면 아무리 가깝고 친한 사이라도 금이 가면서 멀어지기 쉽다.

● 대등한 관계에서는 긴장도 풀어지고 행동이 자유로워지면서 예의를 소홀히 하기 쉽다. 주의가 산만하거나 무관심하여 지켜야 할 최소한의 예의마저 지키지 않는 것은 실례 정도가 아니라 무례이다. 윗사람에게는 지나치게 긴장하지 말고 자연스럽게 예의를 다해야 한다.

예의에 융통성 발휘

● 예의를 고정된 형식으로 치부하고 무조건 정형화된 형식으로 지키는 것은 바람직하지 않다. 시대에 따라 문화가 달라지듯 예의도 때에 맞춰서 달라져야 한다.

● 글로벌 시대에 예의를 표현하는 방법은 인종과 지역, 환경, 문화 등에 따라 커다란 차이가 있으므로 상황에 따라 필요한 예의를 알아두고 적용하면 좋을 것이다.

● 예의의 형식은 변할 수 있지만, 자신을 낮추고 겸손한 마음을 가지는 예의의 본질은 변하지 않는다.

4 사이버 예절

사이버 공간의 특징

● 자율성 : 어떤 정보를 찾고자 할 때 어느 사이트를 방문할 지 스스로 결정함.

- 개방성 : 인종, 국적, 지위 등에 상관없이 일정한 자격과 권한을 가진 사람이면 누구에게나 열려 있음.
- 무제약성 : 시간과 공간의 제약을 뛰어넘어 언제 어디서나 서로 대화를 나눌 수 있음.
- 익명성 : 자신이 누구인지 밝히지 않으며, 상대방이 제공하는 정보에만 의존하여 만남이 이루어짐.

사이버 공간에서 발생하는 문제

사생활 침해, 해킹, 바이러스 유포, 인터넷 금전 거래 사기, 불법 게임·도박, 불법 사이트 개설, 사이버 폭력 등이 있다.

사이버 공간에서의 책임과 의무

- 인간 존중의 의무가 있다. 인터넷을 할 때 컴퓨터 화면만 보이지만 실제로는 얼굴이 보이지 않는 수많은 사람과 연결되어 마주하고 있으므로 현실 공간처럼 다른 사람을 존중하는 태도가 중요하다.
- 책임이 요구된다. 자신이 드러나지 않는 점을 이용해 무책임한 행동을 할 수 있는데 다른 사람에게 피해를 끼칠 수 있으므로 자신의 행동에 책임을 지는 자세를 가져야 한다.
- 정의를 지켜야 한다. 올바른 정보를 취급하고 규칙과 법을 지켜야 하며 정보의 혜택이 고르게 돌아갈 수 있도록 해야 한다.
- 해악 금지의 의무가 있다. 다른 사람에게 피해를 끼쳐서는 안 된다.

5　겸손의 의미

🎬 몽골의 전통 가옥

> 몽골의 전통 가옥 '게르'는 문이 낮아 들어갈 때는 겸손하게 허리를 굽혀서 들어가야 한다. 상대의 집에 갈 때는 사이가 좋든 나쁘든 고개를 숙인 채 겸손한 마음으로 방문하라는 의미이다.

겸손의 미덕

- 겸손한 사람은 자기 자신을 제대로 안다. 자기 분수를 알고 행동한다.
- 내가 먼저 낮아지고 굽히는 것이 좋은 인간관계의 비결이다.
- 벼가 익을수록 고개를 숙이듯 자신을 낮추는 부드러움은 단단함을 이긴다.
- 겸손은 자신을 낮추는 것이 아니라 자신을 세우는 것이다. 용기와 힘을 함께 갖춘 사람은 절대 교만하지 않다. 진정한 힘이 있는 사람의 겸손은 진심이며, 약한 사람의 겸손은 비굴함으로 비칠 수 있다. 겸손은 결코 비굴함이 아니다. 힘이 있는 사람만이 겸손할 자격을 가진다.
- 물이 바다로 모이는 것은 바다가 낮은 곳에 있으며 모든 물을 수용할 수 있는 역량이 되기 때문이다. 스스로 높아지려 한다고 해서 높아지는 것이 아니다. 신은 자기 스스로 높은 곳에 앉은 사람을 아래로 밀어내고 스스로 겸손한 사람을 부축해 올린다.

겸손은 교만 반대편에 선 덕목

- 교만은 극단적인 자기중심의 죄악이며, 인간관계에 벽을 쌓는 것이며, 자신을 속이는 것으로 패망의 선봉이요 넘어짐의 앞잡이다. 교만의 병에 걸리면 회복하기 어려우며 삶의 나락으로 떨어지게 되어 있다.
- 인간은 누구나 교만해지기 쉬운 존재이므로 교만하지 않고 겸손하려고 노력해야 한다.

6 겸손과 교만

겸손은 덧셈 법칙, 교만은 뺄셈 법칙

- 겸손 없이 원만한 인간관계는 불가능하다. 인간은 교만한 자를 싫어하고 겸손한 자를 좋아하게 되어 있다. 특히 자기과시는 미움을 사며 시기심을 유발한다. 과시하는 지위나 위엄이 상대방의 감정을 상하게 한다.
- 친구를 얻고 싶다면 겸손한 자세로 상대방이 나보다 뛰어나다고 느끼게 해주어야 하며, 적을 만들고 싶다면 교만한 자세로 상대방보다 내가 잘났다고 느끼게 하면 된다.
- 사회적 신분이나 지위가 높은 사람에게는 환심을 사기 위하여 겸손한 태도로 예의를 지키면서, 낮은 사람에게는 교만한 태도로 무시하거나 자존심을 상하게 해서는 안 된다.
- 겸손한 사람이 하는 일은 공감하지만 교만한 사람이 하는 일은 시기하기 쉽다. 겸손은 남이 시기해 진로를 방해하는 것을 막는 데 도와주므로 겸손 없이는 장기적 성공을 이룰 수 없다. 겸손은 인생에서 성공하기 위한 열쇠이다. 교만은 성공의 독이

며 해독제는 겸손이다.

● 세상은 교만한 자를 싫어하며 그런 사람은 반드시 좌절을 맛 보게 되어 있음을 명심하고 겸손이 몸에 배도록 해야 한다.

겸손하지 못한 과장은 거짓말

● 과장은 상대방의 호기심을 일깨우고 기대를 잔뜩 가지게 하지 만, 나중에 과장한 내용이 이루어지지 않았을 경우에는 상대 방은 실망한 나머지 그 과장한 자를 하찮게 여기게 된다.

● 과장하지 말아야 진실을 손상하지 않고 분별력도 지킬 수 있 다. 과장으로 인해 실없는 사람으로 취급받지 말아야 한다.

7 겸손한 자세

교만한 재능

🎬 맹사성의 자만

• 고승이 맹사성에게 가르친 것은 무엇일까?

> 천하제일의 수재였던 맹사성은 19세에 장원급제하여 자만한 마음 을 한껏 품고 고승을 찾았다. 고승이 맹사성과 대화를 하면서 찻잔에 차를 붓고 있었다.
> 맹사성이 고승에게 질문을 한다.
> "군수로서 지표를 삼아야 할 좌우명이 무엇이 있습니까?"
> "나쁜 일하지 말고 착한 일하면 됩니다."
> "그것은 삼척동자도 다 아는 사실 아닙니까?"
> 그때 고승이 부은 찻잔에 차가 넘치고 있었다.
> "찻잔에 차가 넘치지 않습니까? 지금 무엇을 하시는 겁니까?"

맹사성 (孟思誠, 1360~1438)
조선시대 세종 때 우의정 을 거쳐 좌의정까지 지냄.

"찻잔이 넘쳐 바닥을 적시는 것은 아시면서, 지식이 넘쳐 인품을 망치는 것은 어찌 모르십니까? 겸손을 배우려 하지 않는 자는 아무것도 배우지 못합니다."

- 재능이 자신을 망치기도 한다. 재능이 있는 사람이 성과를 창출하지 못하거나 창출하더라도 지속해서 유지하지 못하는 경우는 겸손하지 못하고 교만함에 많은 원인이 있다.
- 재능이 칼이라면 겸손은 그 재능을 보호하는 칼집이다. 한 발짝 뒤로 물러서는 겸손함은 선택이 아닌 필수이다.

올바른 겸손한 자세

- 남이 반갑게 인사한다고 해서 자기를 훌륭하게 여기기 때문이라고 생각하지 말아야 하며, 남이 자기의 말에 참으며 반대하지 않고 따른다고 해서 존경하기 때문이라고 생각하지 말아야 하며, 남이 은혜를 베풀어주는 것을 사랑하기 때문이라고 생각하지 말아야 하며, 남이 겸손해하는 것을 경의를 표하기 때문이라고 생각하지 말아야 한다.

- 명령조나 권위를 나타내는 단정적인 말투는 건방지다거나 교만하다고 느끼게 할 수 있다. 겸손한 말투가 중요하다.

8 예절과 용모

예의 바른 용모

- 용모는 상대방과 공동체 구성원에 대한 예의이다.
- 복장, 동작, 표정, 얼굴, 말투와 머리 모양 등 용모는 예절의 표현이다.
- 혼자 산다면 어떤 용모를 하건 상관이 없겠지만, 인간은 사회적 동물이므로 공동체의 일원으로서 사람들에게 좋은 인상을 주도록 단정한 용모를 갖추어야 한다.
- 용모는 그 사람의 인격을 나타낸다.

자기 관리와 복장

- 복장은 타인의 평가뿐만 아니라 자기 관리에도 영향을 미친다.
- 자신의 이미지에 어울리는 복장을 해야 한다. 편한 것만 추구하거나 무작정 유행을 따르기보다는 이미지에 맞는 복장으로 가꾸고 표현하여야 한다.
- 교복의 경우에는 깔끔하고 단정하게 입어야 한다. 속옷도 깨끗하게 갖추어 입고 교복은 다려서 맵시 있게 입어야 한다.

- 머리 모양과 말투, 표정에도 관심을 기울여 산뜻하고 활력 넘치는 모습을 하고 다녀야 한다.

예의 바른 동작과 표정

- 보기 좋고 세련된 동작은 상대방에 대한 예의이다.
- 적절한 동작이 생활화되고 습관화 되어야 한다. 사소한 동작을 가볍게 여기면 안 된다.

- 올바른 자세로 일어서고, 걷고, 앉아야 한다. 의자에 온몸의 체중을 맡겨 비스듬히 기대어 앉는 것은 신체의 균형 발달을 막고 거만해 보이므로 그렇게 해서는 안 된다. 딱딱한 부동자세가 아니라 편안하게 보일 수 있도록 자연스러운 자세로 여유 있게 앉아야 한다.

- 다른 사람에게 좋은 인상을 주기 위해서는 무엇보다 청결이 중요하다. 손과 손톱을 항상 깨끗하게 해야 한다. 치아 관리는 건강과 대인관계에서 대단히 중요하므로 식사 후에는 반드시 이를 닦아야 한다. 충치가 생기면 고약한 냄새가 나서 사람들에게 불쾌감을 주므로 치료해야 한다.

생텍쥐페리의 ≪미소≫ 중에서

- 미소가 어떻게 목숨을 살렸을까?

> 한 사람이 전투 중에 적에게 포로가 되어서 감방에 갇혔다. 포로는 극도로 신경이 곤두섰으며 고통을 참기 어려웠다. 그러던 중에 우연히 간수와 시선이 마주쳤는데 그 때 포로는 자신도 모르게 무심코 간수에게 미소를 지어보였다. 그런데 이 미소가 창살을 넘어 간수의 입술에도 미소를 머금게 했다. 간수는 계속 포로의 눈을 바라보면서 미소를 지었다. 이렇게 두 사람은 서로에게 미소를 지으면서 서로가 살아 있는 인간임을 깨달았다. 이 때 간수가 물었다.
>
> "당신에게 자식이 있소?"
>
> "그럼요. 있고말고요."
>
> 포로는 대답하면서 얼른 지갑을 꺼내 자신의 가족사진을 보여주었다. 간수 역시 자기 아이들의 사진을 꺼내 보여주면서 앞으로의 계획과 자식들에 대한 희망 등을 얘기했다. 가족의 얘기가 나오자 포로의 눈에는 눈물이 맺혔고, 그는 "다시는 가족을 만나지 못하고, 내 자식들이 성장해 가는 모습을 지켜보지 못하게 될 것이 같아서 두려워요"라고 말했다.

생텍쥐페리(Saint-Exupery, 1900~1944) 프랑스의 소설가이자 비행사. 비행사 경험을 살린 ≪야간 비행≫과 1943년 ≪어린 왕자≫ 등을 발표했음. 1944년 정찰 임무를 위해 프랑스 남부 해안을 비행하다 행방불명되었음.

이 때 간수는 갑자기 아무런 말도 없이 일어나 감옥 문을 열고는 조용히 포로를 밖으로 끌어냈다. 그리고 말없이 함께 감옥을 빠져나와 뒷길로 해서 마을 밖에까지 포로를 안내해 주었다. 그리고는 한 마디 말도 남기지 않은 채 뒤 돌아서서 마을로 급히 가버렸다. 한 번의 미소가 목숨을 구해준 것이다.

● 용모에 있어서 중요한 것 중의 하나는 얼굴 표정이다. 표정은 사람들 눈에 드러난다. 표정은 마음을 얼굴에 나타내는 것이므로 표정을 잘 가꾸면 자연히 마음도 정돈된다. 표정 관리는 평소 습관을 통해 익힐 수 있다.

● 미소를 띤 얼굴을 하는 것이 좋다. 미소를 머금고 눈가에는 상냥하고 온화한 표정을 지어야 한다. 웃음은 인간관계를 돈독하게 해준다. 웃는 얼굴을 하면 남도 즐거워하고 그 기쁨도 또한 옮아간다. 밝은 웃음을 아끼지 말아야 한다. 눈가의 근육을 조금만 움직여서 한두 번 미소 짓는 것만으로도 사람들에게 행복감을 안겨줄 수 있다.

레오나르도 디 빈치 〈세례자 요한〉

실천하기

- 공손하고 친절하게 행동하며 낮은 자세로 겸손하게 행동한다.
- 가족, 친구, 이웃 등 가까운 사이일수록 예절에 더욱 신경을 쓴다.
- 약속은 반드시 지킨다.
- 감사한 베풂을 받았으면 고마움을 표시한다.
- 쓸데없이 남의 일에 참견하지 않는다.
- 언어예절, 전화예절, 식사예절, 사이버 공간에서의 예절을 지킨다.
- 공공장소에서 새치기하거나 남을 밀치는 행동을 하지 않는다.
- 도서관에서는 조용히 하고 책과 시설물을 아끼고 깨끗이 사용한다.
- 음악회에 참석할 때는 깨끗한 복장을 한다.
- 행사장에 참석하거나 사람을 만날 때는 휴대전화는 꺼두거나 진동으로 해놓는다.
- 재능을 뽐내거나 자기 과시를 하지 않는다.
- 잘못을 저질렀을 때는 진정한 마음으로 사과한다.
- 용모에 정성을 기울이면서 단정히 한다.
- 상황과 분위기에 맞는 옷차림을 한다.
- 용모에 걸맞은 머리 모양을 한다.

 토론하기

- 예절과 인간관계는 어떤 상관관계가 있을까?

예절의 기본

인사

인사는 단순한 형식이 아니라 상대방에게 나를 어필하는 가장 간단한 방법이며 상대방에 대한 인정이자 존중의 표현이다. 인사는 사람 사이에 흐르는 전류이다. 전류가 끊기면 불이 켜지지 않고, 끝내 깜깜한 채로 살게 된다. "안녕하세요?"라는 인사 한마디가 좋은 인간관계를 유지시키고 발전시킨다. 인사성 하나가 나 자신이 얼마나 교양이 있는지를 나타낸다. 톨스토이는 "인사는 어떠한 경우라도 모자란 것보다는 지나친 것이 낫다"고 했다.

친절

톨스토이는 "친절은 세상을 아름답게 한다. 모든 비난을 해결한다. 얽힌 것을 풀어헤치고, 곤란한 일을 수월하게 하고, 암담한 것을 즐거움으로 바꾼다"고 했다. 친절을 베푸는 사람은 그만큼의 친절을 되돌려 받게 된다. 상대방에게 친절함으로써 그 사람에게 준 유쾌함은 나에게 돌아오며 때로는 이자를 가져오기도 한다. 다른 사람에게 베푸는 친절에 비례해 나의 기쁨이 쌓인다. 지나친 친절이란 말은 없다. 친절을 소홀히 했을 때 비난 받을 것이다.

배려

배려는 예의 바른 행동이다. 나 보다 먼저 상대방을 생각하는 마음이 배려이다. 배려는 해야 할 의무를 지닌 것이 아니지만 의무감보다 한 단계 높은 마음 씀씀이로 높은 수준의 예의이다. 상대방을 배려한 관심과 진심을 담은 말 한마디, 상대방이 하는 말을 진지하게 들어주는 경청, 따뜻한 손길, 미소, 온화한 표정은 감동을 주는 예의이다. 배려는 진심이 담긴 마음으로 하는 것이다. 사소한 배려가 상대방에게 감동을 줄 수 있다.

읽기 자료

나폴레옹의 교만

나폴레옹이 패망하게 된 워털루 전투에 관해 빅토르 위고는 다음과 같은 기록을 남겼다.

'그 격전이 있던 날 아침, 작달막한 키의 전제군주 나폴레옹은 싸움이 벌어질 벌판을 바라보며 군사령관에게 그날의 작전을 설명하고 있었다. "우리는 여기에 보병을 배치하고 저쪽에는 기병을 그리고 이쪽에는 포병을 배치할 것이오. 날이 저물 때쯤에는 영국은 프랑스에 항복할 것이며, 웰링턴 장군은 나폴레옹의 포로가 될 것이오."

이 말을 듣던 사령관 네이 장군이 조심스럽게 말했다. "각하! 계획은 사람이 세우지만, 성패는 하늘에 달렸다는 걸 잊어서는 안 될 것입니다." 이 말을 들은 나폴레옹은 작달막한 그의 몸을 쭉 펴서 늘이며 자신만만하게 말했다. "장군은 나 나폴레옹이 친히 계획을 세웠다는 것과 바로 나 나폴레옹이 성패를 주장한다는 사실을 명심하시오."

그 순간부터 이미 워털루 전투는 패배한 것이나 다름없었다. 하늘에서 비와 우박을 퍼부었으므로 나폴레옹의 군대는 계획한 작전을 하나도 펼 수가 없었다. 그리하여 전투가 벌어진 그 날 밤에 나폴레옹은 영국 웰링턴 장군의 포로가 되었고 프랑스는 영국에 굴복하고 말았다.' 워털루 전투는 단순한 전투가 아니라 세계의 얼굴을 바꾸었다. 운명을 건 전투에서 패배한 나폴레옹은 역사의 뒤안길로 사라졌고, 전투 후 유럽의 주도권은 영국이 쥐었다.

워털루 전투

나폴레옹 보나파르트(Napoleon Bonaparte, 1769~1821)
프랑스의 장군·제1통령(1799~1804)·황제(1804~1815). 많은 개혁을 이루어냈고 프랑스의 군사적 팽창에 큰 열정을 쏟아 역사상 위대한 영웅으로서 존경받았으나 러시아 원정에서 참패하고, 동맹국들에 의해 공격받으면서 퇴위하고 망명했고, 세인트헬레나에서 죽었음.

• 나폴레옹이 워털루 전투에서 패배한 원인은 무엇인가?

정리하기

- ◉ 예절은 개인에게 있어서는 참다운 인간을 만들어주고 공동체 안에서는 타인에 대한 배려로 조화로운 삶을 만든다.

- ◉ 꿈의 실현은 재능만이 아니라 인간관계에서 오는 경우가 많으므로 정중함과 공손한 예절로 꿈을 실현해 나가야 한다.

- ◉ 예절은 평소의 습관이 쌓여 만들어진다.

- ◉ 예절의 가장 기본적인 행동은 인사를 잘하는 것이다.

- ◉ 가까운 사이일수록 예절을 지켜야 한다.

- ◉ 언어 예절, 전화 예절, 식사 예절, 사이버 공간에서의 예절을 지킨다.

- ◉ 겸손은 인간관계의 덧셈 법칙이고 교만은 인간관계의 뺄셈 법칙이다.

- ◉ 겸손하지 못한 재능은 화를 자초할 수 있으므로 겸손을 겸비해야 한다.

- ◉ 과장으로 인해 실없는 사람으로 취급받지 말아야 한다.

- ◉ 용모는 상대방과 공동체 구성원에 대한 예의이다.

- ◉ 보기 좋고 세련된 동작은 상대방에 대한 예의이다.

- ◉ 미소를 머금고 눈가에는 상냥하고 온화한 표정을 지어야 한다.

- ◉ 다른 사람에게 좋은 인상을 주기 위해서는 무엇보다 청결이 중요하다.

확인하기

1 다음 중에서 예절과 관련된 내용을 바르게 설명한 것이 아닌 것은 무엇인가요?

① 인간은 예절을 통해서 자신을 드러내고, 타인은 그것을 통해서 그 사람의 인격을 판단한다.

② 인간이란 본래 완벽한 존재가 아니므로 예절 바른 사람이 되기 위해서는 부단히 갈고 닦아 길들어야 한다.

③ 예절은 인간관계를 부드럽고 편안하게 하지만 사람을 끌어당기는 것은 예절보다는 지식이나 식견이다.

④ 여러 상황에서 어떻게 예의를 실천해야 하는지는 건전한 상식을 가지고 스스로 판단하여 행하면 된다.

2 사이버 공간에서의 책임과 의무 네 가지를 쓰시오.

3 빈칸에 적절한 단어를 기입하세요.

겸손은 인간관계의 (　　　) 법칙이고 교만은 인간관계의 (　　　) 법칙이다.

4 문장을 읽고 O·X를 표시 하세요.

복장은 타인의 평가뿐만 아니라 자기 관리에도 영향을 준다. (　　)

5 일상생활에서 실천해야 하는 예절에는 무엇이 있는지 적어 보세요.

정답 1. ③ 2. 인격 존중, 책임감, 해악 금지, 정의 3. 인력, 척력 4. O 5. 각자 작성

2 효(孝)

📖 학습목표
- 효를 해야 하는 이유를 인식하고 실천 방법을 열거할 수 있다.
- 가족의 의미를 인식하고 가족을 위한 자세를 말할 수 있다.
- 가정의 의미를 이해하고 행복한 가정을 위한 역할을 말할 수 있다.

1 효란 무엇인가

≪효경 孝經≫
공자와 그의 제자 증자가 문답한 것 중에서 효도에 관한 것을 추린 책.

🎬 ≪효경≫ 중에서

> 효는 덕의 근본이다. 우리의 몸은 양팔, 양다리를 비롯하여 머리카락과 피부에 이르기까지 모두 부모로부터 받은 것이다. 이를 상하지 않게 하는 것이 효의 시작이요, 몸을 세우고 도를 행하여 후세에 이름을 떨침으로써 부모를 빛나게 하는 것이 효의 끝이다.

🎬 케네디 어머니 로즈

- 케네디가의 자녀는 어떻게 훌륭하게 되었으며 어머니는 어떤 강인함을 보였을까?

> 미국의 케네디 일가는 용감하고 자주 독립정신이 강했다. 개척정신으로 스스로의 운명을 헤쳐 나갔다. 큰 부자가 되어 사회적 명성을 획득하고 정치에 나섰다. 미국 대통령이 되는 것이 케네디 일가의 꿈이었다. 존 에프 케네디는 드디어 그 꿈을 실현했다. 케네디는 미국 국민에게 이상의 횃불을 높이 들었다.
>
> "이상이 없는 국민은 망합니다. 성실과 용기와 총명과 헌신의 네 가지 정신을 가집시다. 빈곤과 전쟁과 질병과 무지와 독재에 도전하는 용감한 세대가 됩시다."
>
> 젊은 대통령 케네디는 피살되었다. 그의 동생 로버트 케네디가 형의

로즈 케네디 (Rose Kennedy, 1890~1995)
미국의 유명 정치가문인 케네디가(家)의 여인.

뒤를 이어 나섰다가 다시 비명에 쓰러졌다. 두 형의 유지를 이으려고 상원의원인 에드워드 케네디가 나서려고 하다가 좌절을 맛보았다. 이 용감한 집안의 정신적 기둥이 어머니 로즈 여사였다.

로즈 여사는 보스턴 시장의 딸이었다. 그녀는 높은 교양과 강한 정신력을 지니고 있었다. 주영대사를 지냈으며 정치가인 남편에게 일생 동안 한번도 잔소리를 해본 일이 없었다. 로즈 여사는 4남 5녀의 어머니였으며 27명의 손자를 거느린 할머니였다. 그녀는 자녀들을 훌륭한 인물로 기르기 위해서 자녀 교육에 정성을 다했다. 로즈 여사는 이렇게 말했다.

"자녀를 기르는 것은 하나의 도전입니다. 여자는 자식을 기름으로써 끊임없는 젊음과 활력을 얻고, 격동하는 세계에 맞서 싸울 수 있습니다. 여자가 독신으로 생애를 보낼 때 과연 얻는 것이 무엇이겠습니까?"

로즈 여사는 여름에는 수영과 골프를 했으며 겨울에는 스케이팅을 했고 항상 독서하고 글을 썼다. 아들들에게 필요한 기사가 잡지에 나오면 스크랩해서 보냈다. 맏아들은 2차 대전에서 전사했다. 2남인 존 에프 케네디와 3남인 로버트 케네디가 총탄에 쓰러졌다. 한 어머니로서 참으로 견디기 어려운 시련이었다. 그러나 로즈 여사는 불사조와 같은 강한 정신력으로 이 어려운 시련과 비극 속에서도 의연한 자세를 견지하였다.

"나는 결코 어떤 불행에도 패배하거나 쓰러지지 않을 것이다. 내가 쓰러진다는 것은 곧 케네디 일가의 정신이 무너진다는 것을 의미한다."

효의 의미

- 부모님을 정성껏 잘 섬기는 자녀의 도리이다.
- '효(孝)'라는 글자는 '노(老)'에 아들 '자(子)'가 합쳐진 말로 자식이 나이든 부모를 모신다는 뜻이다.
- 부모님을 사랑하면서 공경하는 것이다.

- 부모님 사랑에 보답하는 것이다.
- 부모님을 세심하게 보살피는 것이다.
- 부모님을 자랑스럽게 생각하는 것이다.

🎬 팔씨름

- 아들이 아버지와 팔씨름을 한 다음에 느낀 것은 무엇일까?

고등학생인 아들은 학교에서 반 친구들과의 팔씨름에 질 정도로 약했다. 자존심이 상한 아들은 운동을 하기 시작한지 두 달이 되었다. 그러던 어느 날 아들은 아버지에게 팔씨름을 한번 해보자고 제안했다. 아버지도 흔쾌히 응하게 되었다. 그런데 이게 웬 일인가? 아들에게 거대한 산처럼 여겨지던 아버지가 졌다. 아들은 멍하면서도 한편으로는 '그 동안 운동을 열심히 한 보람있구나' 하는 생각에 기분이 좋아졌다. 아버지도 어이없어 하면서도 대견스러운 듯이 웃으면서 말했다. "이 녀석, 힘이 많이 세졌구나! 이젠 어른이 다 되었어."

그리고 한 달 후 추석 명절에 온 가족이 다 보는 앞에서 아들은 또다시 아버지와 팔씨름을 하여 이겼다. 아들이 무심코 고개를 들자 무안하고 겸연쩍어 하는 아버지의 얼굴 표정을 보게 되었다. '이제 자식에게까지 힘이 부칠 정도가 되었구나' 하고 말하고 있는 것 같은 아버지의 눈을 보았다. 아들은 '어 이게 아닌데…' 하는 생각이 들었다. 마음속으로는 다시 팔씨름을 하여 아버지에게 져 주고 싶었다. 그래서 아버지는 아직도 젊고 강하다고 말해 주고 싶었다.

그날 아들이 주무시고 계신 아버지 옆에 앉아 아버지의 팔뚝을 바라보았다. 어떤 큰 물건도 들 수 있고, 어떤 큰 나무도 쓰러뜨릴 것 같은 강하고 단단하던 팔뚝이 고무처럼 축 처져 있다. 아들이 생각에 잠기며 주먹을 불끈 쥐었다. '오랜 세월을 지내오면서 아버지는 자신의 팔뚝을 희생해 가면서 가족을 지켜왔겠지. 이젠 내가 아버지에게 힘이 되도록 해야지.'

왜 효도해야 하나

● 부모와 자식의 관계는 천륜이기 때문이다.

● 낳아주고 길러주셨기 때문이다.

● 부모님에 대한 책임과 의무이기 때문이다.

● 부모님이 자식을 사랑하기 때문이다.

● 부모님은 자식을 위해서 희생해 오셨기 때문이다.

효도하는 자세

🎬 시골 효자

• 도시 효자는 시골 효자가 어머님에게 하는 모습을 보고 무엇을 느꼈을까?

옛날 어느 도시에 소문난 효자가 살고 있었다. 그 도시 효자는 시골에 이름난 효자가 있다는 소문을 듣고 찾아갔다. 시골 효자의 집은 오래된 초가집이었는데 조금 기다리니 한 젊은이가 나무 한 짐을 지고 들어왔다.

그러자 부엌에 있던 노모가 부리나케 뛰어나와 아들의 나무 짐을 받쳐 내려놓았다. 그리고는 황급히 뛰어 부엌으로 들어가더니 대야에 김이 모락모락 피어오르는 따뜻한 물을 떠 왔다. 어머니는 아들을 마루에 앉히고는 열심히 아들의 발을 씻겼다. 모자는 무엇이 그렇게 즐거운지 도시 효자가 온 것도 모르고 한참 이야기꽃을 피웠다.

이를 지켜보던 도시 효자가 시골 효자에게 한마디 했다. "여보게, 어떻게 기력도 없으신 어머께 발을 씻겨달라고 하는가? 효자라는 소문을 잘못 들은 것 같군."

그러자 시골 효자가 말했다. "저는 효가 무엇인지 잘 모릅니다. 그러나 저는 어머님이 하시고자 하는 일이면 무슨 일이든지 기쁘게 해 드립니다."

이 말을 듣는 도시 효자는 깨달은 것이 있었다. 그는 지금까지 자기 생각대로 부모님을 공경해 왔음을 알았다. 자신의 부모님 얼굴에는 시골 효자의 어머니 같은 환한 웃음이 없었던 것이다.

- 부모님을 정신적으로 기쁘게 해드리는 것과 육체적으로 편안하게 해드리는 것이 있다.
- 부모님에게 효도할 때는 정성과 공경을 으뜸으로 해야 한다.
- 물질로 부모님을 봉양하는 것과 함께 마음에서 우러나오는 미소 짓는 얼굴과 공손한 말씨와 따뜻한 손길이 중요하다.
- 부모님이 나이 들면 어린아이처럼 작은 일에도 기뻐하고 슬퍼하고 노여워하므로 자식은 세심한 주의를 기울여 이러한 마음을 잘 헤아려야 한다.
- 자식이 현재 위치에서 본분을 다해 부모님을 기쁘게 해 드린다.
- 자식이 평소 건강한 신체와 올바른 심성을 가지고 올바른 태도로 생활한다.
- 효도는 부모님에 대한 사랑의 표현이지 계약 관계가 아니므로 마음에서 우러나와 해야지 억지로 해서는 안 된다.

2 효와 가족

가족은 운명 공동체

- 효는 가족을 사랑으로 묶는 밧줄과 같다.
- 가족은 삶의 출발점으로 부모와 자녀가 함께 만들어가는 운명 공동체이다. 가족 간에 자신의 위치를 인식하고 의무를 다해야 한다.

- 가족은 소중한 존재이며 삶의 큰 의미 중 하나가 '가족을 위해'이다. 가족을 생각하는 마음이 삶의 커다란 원동력이며 희생과 인내심을 발휘하게 한다.
- 가족의 의미는 단순한 사랑이 아니라 힘과 정신적인 안정감의 원천이다. 몸이 아프거나, 남으로부터 상처를 받거나, 어려운 일이 닥치면 가족이 울타리가 되고 용기의 샘물이 된다.

가족(Family)이란 단어

'아버지, 어머니, 나는 그대를 사랑합니다. (Father, Mother, I love you).'라는 문장에서 각 단어의 첫 글자를 합성한 것이다.

가족 사랑하기

- "사랑한다. 고맙다. 미안하다"는 말을 적극적으로 자주 한다.
- 가족의 꿈, 희망, 행복과 건강, 일, 취미, 장래 등에 관심을 가진다.
- 시간을 내어 함께 하고, 대화하고, 하는 일을 돕는다.
- 부모님이 베풀어주시는 사랑을 당연하다고 생각해서는 안 되며 소중한 은혜로 받아들인다.

3 효와 가정

가정의 의미

- 가정은 효가 이루어지는 장소이다.
- 가정은 따뜻함과 편안함을 제공하는 곳이다.
- 자식이 홀로 설 수 있을 때까지 부모님이 키워주시고 보살펴주

시는 장소이다.
- 부모님과 자식이 사랑의 관계로 맺어지는 곳이다.
- 자식이 배우고 익히는 교육의 장으로서 인격 형성의 모태이며 시초가 되는 곳이다.

🎬 워싱턴 어머니 메리 볼

- 메리 볼은 아들이 미국 대통령이 되었음에도 어떤 생활 자세를 취했을까?

메리 볼 워싱턴
(1708~1789)
미국 초대 대통령 조지 워싱턴의 어머니.

워싱턴은 미국 건국의 아버지다. 워싱턴은 독립군의 총사령관이 되어 '뭉치면 일어서고 갈라지면 넘어진다'는 구호를 내걸고 일치단결하여 영국과 싸워서 자유와 독립을 쟁취하였다. 그는 만장일치로 미국 초대 대통령이 되어 건국 초기의 어려운 과제를 잘 처리하여 나라의 기틀을 세웠고 재선되어 국가를 더욱 튼튼히 하였다. 사람들은 그에게 3선을 권유했다. 그가 원하면 얼마든지 3선이 될 수 있었다. 그러나 워싱턴은 3선은 미국 민주주의 발전에 장애가 된다고 끝내 사양했다. 그는 인품이 훌륭한 대통령으로서 권력의 자리에 앉되 결코 권력을 탐내지 않았다. 여기에 그의 위대함이 있다.

워싱턴의 뒤에는 훌륭한 어머니 메리 볼이 있었다. 어머니는 교육을 많이 받은 여성은 아니었으나 인자하고 겸손하고 현명했다. 워싱턴이 11세일 때 아버지가 이러한 유언을 남기고 세상을 떠났다. "나는 내 일생에 단 한 번도 분노에 못 이겨서 남을 때린 적이 없었다는 것을 감사하게 생각한다. 평화롭게 숨을 거둘 수 있는 것을 기쁘게 생각한다." 아버지의 죽음은 가정에 큰 타격이었다.

워싱턴의 어머니는 어린 자녀들에게 이렇게 말했다. "앞으로 너희들은 정신을 바짝 차리고 살아가야 한다. 지금까지는 아버지가 모든 것을 돌보아 주셔서 아무 걱정 없이 살아왔다. 그러나 이제는 달라졌다. 너희는 대지주의 아들이 아니다. 아무에게도 의존할 생각을 말고 씩씩하게 자기의 앞길을 개척해 나가야 한다."

워싱턴은 마침내 초대 대통령이 되었다. 그러나 어머니는 시골에서 검소하고 조촐한 생활을 계속했다. 워싱턴이 어머니를 대통령 관저로 모셔 오려고 해도 고향집을 결코 떠나려 하지 않았다. 워싱턴이 오랜만에 고향의 어머니를 찾아왔다. 수행원들은 모두 놀랐다. 대통령의 어머님이 거처하는 집이 초라하고 그 살림살이가 조촐하고 입고 있는 옷이 검소하였기 때문이다. 어머니는 대통령인 아들을 반가이 맞았다. "조지, 정말 잘 왔다. 네가 온다기에 어려서부터 네가 좋아하던 과자를 만들고 있던 중이다."

어머니의 손은 빵가루로 범벅이 되어 있었다. 워싱턴을 수행하던 사람들은 너무도 놀랐다. 그러나 워싱턴은 더없이 기쁜 듯 주위 사람들을 번갈아 쳐다보며 말했다. "여러분, 내 어머니가 맛있는 과자를 만들어 주셨습니다. 자, 사양 말고 안으로 들어가서 어머니가 만든 과자를 다함께 먹읍시다." 어머니는 손수 차를 끓여서 아들과 수행원에게 대접했다.

워싱턴은 늙은 어머니가 마음에 걸렸다. 그는 어머니에게 조용히 다가가 말했다. "어머니, 이제는 혼자서 이렇게 고생하지 마세요. 하인도 여럿이 두고 좀 편안히 쉬십시오. 생활비를 많이 보내 드리겠습니다." 어머니가 대답했다. "아니다. 내게는 이 생활이 제일 좋다. 아직도 일할 수 있는데 아들이 대통령이라고 그냥 놀고 지내서야 되겠니. 나는 일할 수 있을 때까지 일하겠다."

가정의 역할

- 행복한 가정이야말로 최고의 학교이다. 사랑이 넘치는 가정보다 더 위대한 교사는 없다. 가정에서 어릴 적 받은 본보기와 생각은 성장할수록 영향력이 확대되므로 가정의 역할은 매우 중요하다.

- 가정은 생명의 산실이며 행복의 원천이다. 행복한 가정에서 상처와 아픔은 싸매지고 슬픔은 나눠지고, 기쁨은 배가 된다.

- 가정은 가족 간의 헌신 없이는 영위되지 못한다. 가족 구성원 모두 스스로 본분을 다해야 한다.

행복한 가정의 조건

- 부모는 자식을 사랑하고, 자식은 부모에게 효도하며, 형제자매 간에는 우애 있게 지내야 한다.
- 가족 간에 고마움이나 사랑을 말이나 행동으로 표현하는 감사 (Appreciation)가 있어야 한다.
- 가족의 유익과 명예를 위하여 헌신(Commitment)하는 태도가 있어야 한다.
- 가족 간의 대화와 의논하는 소통(Communication)이 원활해야 한다.
- 가족과 함께 갖는 시간(Time Together)을 많이 가지면서 유대 를 강화해야 한다.
- 낙관주의, 윤리적 가치관, 박애 정신 등 가족의 정신적 건강 (Spiritual Wellness)이 있어야 한다.
- 가족이 어려운 문제에 부닥쳤을 때 극복할 수 있는 능력 (Coping Ability)을 갖추어야 한다.

실천하기

- 바른 마음을 가지고 바르게 행동하면서 올바르게 성장한다.
- 부모님의 건강에 관심을 가지고 돌본다.
- 형제자매 간에 우애 있게 지내어 부모님을 기쁘게 한다.
- 부모님과 상의해야 할 일은 상의하고 가능한 한 많은 대화를 한다.
- 부모님의 의견을 존중하고, 다를 때는 부드러운 말씨로 잘 말씀드리고 이해를 구한다.
- 부모님의 취미와 좋아하는 일과 음식에 관심을 가진다.
- 부모님 생일과 결혼기념일을 축하하고 이벤트를 가진다.
- 부모님을 슬프게 하거나 부끄러워할 일을 저지르지 않는다.
- 자녀는 부모의 헌신에 감사하며 경륜을 존중한다.
- 가족 간에 가벼운 스킨십의 빈도를 높인다.
- 문제가 생기면 온 가족이 함께 의견을 나누고 해결책을 모색한다.
- 가족 간에 고마움을 수시로 표현한다.

 토론하기

- 나는 자식으로서 부모님에게 어떤 효를 실천하고 있는가?
- 가족에 대한 나의 의무는 무엇이라고 생각하는가?

뉘 집 딸인지

딸이 중학교 1학년 때의 일이었다. 엄마가 인근 상가에 가고 있는데 학원에 간다고 나간 딸이 친구와 함께 상가 근처를 배회하고 있는 것이 아닌가! 엄마와 마주친 딸은 당황한 눈빛이 역력했다. 이때 엄마가 딸에게 애써 환한 미소를 지으며 한마디 던졌다. "뉘 집 딸인지 어디서 많이 본 아가씨 같네."

그런 다음 엄마는 아무런 일도 없었다는 듯이 그 자리를 떠나버렸다. 딸의 얼굴은 안도의 모습이 아니라 미안하고 계면쩍음으로 점철되어 홍당무 빛깔이 되었다. 같이 학원에 다니던 딸과 친구는 그 달에 학원 등록을 하지 않고 이미 학원 수강료를 노는데 쓰고 있는 중이었다. 옆에 있던 친구가 물었다. "뉘 네 엄마 친구야?" "아니 우리 엄마야." 친구는 몹시 놀라는 표정을 지으며 말했다. "어떻게 엄마가 아무런 꾸중도 하지 않고 저렇게 할 수 있어?"

딸은 친구의 말을 듣는 둥 마는 둥 하고 친구 손을 이끌고 급히 학원으로 갔다. 딸은 학원에 가서 사정사정했다. "며칠 뒤 시작되는 다음 달에 꼭 등록을 할 테니 우리 엄마가 물으면 오늘 수업만 빠진 것으로 해주세요."

집으로 돌아온 딸에게 엄마는 더 이상 학원 수강에 대해 묻지를 않았다. 다음 날 엄마는 학원으로 전화를 걸어 딸의 학원 출결에 대해 물었다. 그러자 학원에서는 딸이 부탁한 내용까지 소상하게 말해 주었다. "어제 학생이 와서 다음 달 학원에 등록할 테니 이번 달에 등록하지 않은 것을 말하지 말고 수업만 빠진 것으로 말해 달라고 했어요. 학생이 사정사정하며 부탁했지만 교육상 어머니에게 알려드려야 할 것 같아 말씀드리는 거예요."

엄마는 학원에서 들은 이야기로 딸을 추궁하거나 전혀 내색하지 않고 평소처럼 딸을 대했다. 딸은 며칠 동안 학원에 간다고 집을 나와서 근처 독서실에 가서 공부를 했다. 그러다가 학원에 다시 등록하자 학원에서 딸에게 엄마에게 전한 이야기를 말해주었다. 순간 딸은 당혹함과 함께 엄마에 대한 고마움으로 가슴이 벅차올랐다.

집으로 돌아온 딸은 엄마에게 무릎을 꿇고 눈물을 흘리며 말했다. "엄마 내가 잘못했어요. 친구와 노는 것이 재미있고, 용돈이 필요해서 그렇게 했어요. 다시는 안 그럴게요. 반에서 꼭 1등할 거예요."

엄마는 아무런 말도 하지 않고 환한 웃음을 지으며 딸을 포옹했다. 그러면서 딸의 어깨를 두드리며 딸의 귀에다 속삭였다. "이번 시험에는 6등 안에만 들면 돼." 하지만 지난번 시험에서 8등을 했던 딸의 성적은 오히려 떨어져 12등이었다. 딸이 미안한 표정을 짓자 엄마가 말했다. "12등도 잘한 거야. 너보다 성적이 못한 애들이 얼마나 많은데…."

딸에게 있어서 엄마의 이와 같은 태도는 담금질이 되어 공부에 매진해 나가도록 하는 원동력이 되었다. 이제 딸은 대학을 졸업하고 직장에 3년째 다니고 있다. 딸은 해마다 여름철에 있는 자신의 생일에 어머니에게 선물을 하거나 봉투에 돈을 넣어 전한다. 사랑이 가득 담긴 편지와 함께…. 해마다 그 내용이 조금씩 다르긴 하지만 어머니에 대한 존경과 사랑의 메시지로 빼곡히 채워져 있다.

엄마 감사해요. 이 더운 여름날 저를 낳으시고 산후 조리하느라고 얼마나 고생하셨어요. 오늘은 제가 축하를 받아야 하는 날이 아니라 엄마가 축하를 받아야 하는 날이에요. 나도 시집가면 엄마처럼 사랑과 믿음으로 자식을 키울 거예요. 엄마 사랑해요. 아이 러브 유^^.

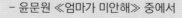
– 윤문원 ≪엄마가 미안해≫ 중에서

'가족'이라는 이름

　아버지는 뒷동산의 바위 같은 이름이다. 시골 마을의 느티나무처럼 무더위에 시원한 그늘의 덕을 베푸는 크나큰 이름이다. 어쩌면 아버지는 끝없이 강한 불길 같으면서도 자욱한 안개와도 같은 그리움의 이름이다. 아버지의 최고의 자랑은 자식들이 반듯하게 자라 주는 것이며 이러한 모습을 바라보고 기대하면서 삶의 보람을 느낀다. 자기가 기대한 만큼 아들, 딸이 성장하지 않을 때 겉으로는 "괜찮아, 괜찮아" 하지만 속으로는 몹시 안타까워하는 사람이다.

　어머니는 누구에게나 뭉클함과 포근함으로 다가오는 이름이다. '신은 모든 곳에 있을 수 없기에 어머니를 만들었다'라는 말이 있듯이 어머니는 자식들이 풍덩 빠져 헤엄칠 수 있는 평온하고 안온한 바다이다. 어머니는 자녀가 서서히 자기를 내세우고 나설 때 대견스럽기도 하지만 서운함을 느끼기도 하는 두 갈래 마음을 가지고 있다. 기르는 역할에서 지켜보는 자리로 물러설 수밖에 없을 때 허전함을 느낀다.

　부부란 사랑의 감정으로 인연을 맺어 함께 삶을 영위하는 동반자이다. 삶 속에는 많은 시련과 어려움이 있는데 그것을 뚫고 한 걸음 한 걸음 함께 나아가는 전우와 같은 존재이다. 부부는 발을 맞추어 걸어야 한다. 원만한 부부는 상호 간의 희생이 없이는 영위되지 못한다. 희생을 실천하는 모습은 아름답다.

　형제자매는 혈연관계로 맺어진 숙명적인 관계이다. 형제자매는 삶과 운명의 한 부분이지만, 가족이라는 익숙함으로 종종 무심하거나 소홀히 대할 수도 있다. 형제자매는 부모와 자식의 관계처럼 일방적인 사랑과 헌신을 전제하지 않는다. 형제자매는 가장 스스럼없는 관계이며, 그래서 배려하지 않는 관계가 되기 쉽지만 그럴수록 더욱 이해하고 존중하는 마음을 지녀야 한다.

〈가족 풍경〉
앙리 마티스(Henri Matisse, 1869~1954)

정리하기

◉ 효는 부모님을 정성껏 잘 섬기는 자녀의 도리이다.

◉ 부모님께서 낳아주고 길러주셨기 때문에 효도해야 한다.

◉ 부모님을 정신적으로 기쁘게 해드리고 육체적으로 편안하게 해드려야 한다.

◉ 자녀는 현재 위치에서 본분을 다해 부모님을 기쁘게 해 드려야 한다.

◉ 효는 가족을 사랑으로 묶는 밧줄과 같다.

◉ 가족은 삶의 출발점으로 부모와 자녀가 함께 만들어가는 운명 공동체이다.

◉ 가족은 사랑과 힘과 정신적인 안정감의 원천이다.

◉ 가정은 따뜻함과 편안함을 제공하는 곳이다.

◉ 가정은 인격 형성의 모태이며 시초가 되는 곳이다.

◉ 행복한 가정이야말로 최고의 학교이다.

◉ 가정은 생명의 산실이며 행복의 원천이다.

◉ 가정에서 가족 구성원은 스스로 본분을 다해야 한다.

◉ 행복한 가정을 위해서는 부모는 자식을 사랑하고, 자식은 부모에게 효도하며, 형제자매 간에는 우애 있게 지내야 한다.

확인하기

1 효도 실천을 다짐하는 네 가지의 글을 적어 보세요.

> (예시)
> 몸과 마음을 건강하게 합니다.
> 부모님을 공경하고 정성을 다하는 마음을 가집니다.
> 학교나 가정에서의 역할에 최선을 다합니다.
> 집안 청소 도와주기 등 일상생활에서 작은 일부터 실천해 나갑니다.

2 빈칸에 적절한 단어를 기입하세요.

가족은 삶의 출발점으로 부모와 자녀가 함께 만들어가는 (   )이다.

3 행복한 가정의 조건을 적어 보세요.

4 별지에 부모님께 드리는 편지를 써 보세요.

정답 1. 4가지 작성 2. 인생 공동체 3. 주관 설명하여 작성 4. 2가지 작성

3 정직

📖 **학습목표**
- 정직의 내용을 설명하고 실천 방법을 열거할 수 있다.
- 양심의 의미와 역할을 인식하고 발휘하는 방법을 말할 수 있다.
- 정직으로 신뢰를 얻어 좋은 인간관계를 형성하는 방법을 말할 수 있다.
- 질서를 준수해야 하는 이유와 방법을 설명할 수 있다.

1 정직이란 무엇인가

정직의 의미

- 개인 생활 영역에서 대표적인 덕목이다.
- 남의 강요가 아니라 스스로 행하는 것이다.
- 거짓이 없고 꾸밈이 없이 솔직하고 바르고 곧은 것이다.
- 과장하지 않고 허세를 부리지 않는 것이다.
- 진실한 것으로 바른 마음을 가지고 바르게 행동하는 것이다.
- 말과 행동이 일치하며 남을 속이지 않는 것이다.
- 잘못을 저지른 경우에 솔직하게 시인하는 것이다.

🎬 아인슈타인 어록

> 나는 간소하면서 아무 허세도 없는 생활이야말로 최상인 것으로 생각한다.

🎬 거짓 허세

- 변호사는 어떻게 거짓 허세를 부렸을까?

> 한 변호사가 독립해서 새롭게 사무실을 개업했다. 첫 의뢰인
> 이 오기를 기다리고 있는데 누군가 문을 열고 들어오려고 했다.
> 이때 변호사는 사무실 전화기를 들고 큰 소리로 말했다. "제가
> 요즘 수임한 일이 너무 많아 무척 바쁘지만, 선생님 일은 어떻
> 게든 해결하도록 하겠습니다. 죄송하지만 손님이 오셔서 이만
> 끊겠습니다."
>
> 변호사는 수화기를 내려놓으면서 의기양양하게 손님에게
> 물었다. "어떤 일로 오셨습니까?" 그러자 손님은 머뭇거리면서
> 대답했다. 저는 전화국에서 나온 설치 기사입니다. 신청하신 전화선
> 을 연결해 드리려고요."

- 거짓말은 정직성, 진실성, 솔직함을 훼손하는 것이다.
- 허세를 부리지 말고 정직해야 한다. 정직함은 자신감에서 비롯
  되며 겸손함으로 이어진다. 정직한 사람은 겸손하고 자신의 행
  동을 자랑하지 않는다.
- 자신감이 없는 사람일수록 감추려 하고, 겸손하지 않은 사람
  일수록 드러내고자 애쓴다. 정직함으로 신뢰를 얻고 존경을
  불러일으켜야 한다.

정직은 인간관계의 기반

- 정직성은 원리원칙과 성실성과 독립성의 본질이며 개인이 갖고
  있는 우수함의 토대이다. 정직성을 토대로 하지 않는 재능은
  쓸모없는 껍데기다.
- 정직한 사람은 믿을만한 사람으로 평가받는다. 믿을만한 사람
  으로 평가받아야 좋은 인간관계를 맺어 영향력이 생긴다.

- 정직과 신뢰는 불가분의 관계이다.
- 정직은 사람과 사람 사이를 바르게 이어주는 믿음과 신뢰의 다리이다.
- 정직한 사람은 타인의 신뢰를 얻어 좋은 인간관계를 맺을 수 있다.

정직해야 하는 이유

- 정직하면 당장엔 손해를 볼 수도 있다. 하지만 그 손해가 나중엔 견줄 수 없는 믿음과 신뢰로 돌아온다.
- 신뢰를 쌓는 것은 장기간이 소요된다. 단기적 손해를 감수하면서 장기적 이익을 추구해야 한다. 정직함으로 신뢰를 축적하고 인간관계를 발전시켜야 한다.

리히텐베르크 어록

> 오래가는 행복은 정직한 것에서만 발견할 수 있다.

리히텐베르크
(Lichtenberg,
1742.~1799)
독일의 물리학자·풍자작가.

정직한 소년

- 소년은 어떻게 정직을 실천했을까?

1990년대 미국의 사업가 케네스 벨링은 샌프란시스코 빈민가를 지나던 중 지갑이 없어졌다는 사실을 알았다. 벨링의 비서는 "빈민가 사람이 주운 지갑을 돌려줄 리 없으니 포기 하세요"라고 했지만, 벨링은 "지갑을 주운 사람의 연락을 기다리겠다"고 했다. 하지만 몇 시간이 지나도 연락은 없었다. 비서는 "지갑에 명함이 있으니, 돌려줄 마음이 있었으면 벌써 연락이 왔을 겁니다"라고 했지만 벨링은 침착한 모습으로 계속 기다렸다.

날이 어두워졌을 때 전화가 왔고 지갑을 주운 사람을 만나보니 남루한 차림의 소년이었다. 소년이 돌려준 지갑에는 돈은 한 푼도 없어지지 않고 그대로 있었다. 지갑을 돌려준 소년이 주저하면서 말했다. "돈을 좀 주실 수 있나요?"

비서가 그럴 줄 알았다는 표정을 지었지만 벨링은 웃으며 소년에게 얼마가 필요한지 물었다. "1달러만 주시면 돼요. 지갑을 잃어버린 분에게 연락을 하려고 공중전화를 찾았지만, 걸 돈이 없었어요. 그래서 돈을 빌려줄 사람을 찾아 1달러를 빌려 전화를 걸었어요. 빌린 돈을 갚으려고요."

소년의 말에 벨링은 의아해하며 물었습니다. "내 지갑에 돈이 있었는데 왜 그 돈을 쓰지 않았니?" 소년은 웃으며 대답했다. "그건 제 돈이 아니잖아요. 남의 돈을 허락도 없이 쓰면 안 되잖아요."

소년의 정직한 말을 듣고 맑은 눈을 본 비서는 부끄러워 고개를 숙였다. 감동한 벨링은 이후 빈민가에서 학교에 갈 형편이 어려운 아이들이 공부할 수 있도록, 학교와 아이들에게 큰 도움을 제공하였다.

- 인간으로서 당연한 행위이기 때문이다.
- 떳떳하고 당당할 수 있다.
- 마음이 편안하고 행복할 수 있다.
- 좋은 인간관계를 맺는 계기가 될 수 있다.
- 불신사회가 아닌 신뢰사회를 만들기 위해서 이다.

정직을 실천하고 유지하는 방법

🎬 돈을 반납한 링컨

- 링컨은 어떻게 정직을 실천했을까?

링컨은 26세에 일리노이 주 의회 의원 선거에 출마했다. 당에서는 그에게 선거자금으로 200달러를 지원해 주었다. 선거를 치르기에도 턱없이 부족한 액수였지만 링컨은 선거가 끝나자 당으로 편지와 함께 199달러 25센트를 반납했다. 편지에는 이렇게 쓰여 있었다.

「연설회장 비용은 제 돈을 사용했습니다. 움직일 때엔 제 말을 탔기 때문에 교통비는 들지 않았습니다. 75센트는 같이 선거운동을 하던 분이 목이 마르다고 해서 음료수를 사드렸습니다. 영수증과 함께 나머지 돈을 반납합니다.」

링컨은 이처럼 많은 돈을 쓰지 않고도 당선되었다. 그 후 링컨의 이러한 정직성은 널리 알려져 당원들을 감동시켰고 결국 그는 대통령 후보로 추대되기에 이르렀다.

에이브러햄 링컨
(Abraham Lincoln, 1809~1865)
미국의 제16대 대통령 (1861~1865). 남북전쟁에서 승리해 연방제와 민주주의의 전통을 수호하고 노예를 해방했음.

- 뚜렷한 가치관과 높은 인격을 소유해야 한다.
- 어떤 상황에서도 거짓을 행하지 않는 용기를 가져야 한다.
- 유혹에 현혹되지 않아야 한다.
- 자신의 마음을 늘 점검하고 살펴보아야 한다.

2　정직을 발휘하는 양심

양심의 의미

- 인간답게 살기 위해 마땅히 가져야 하는 것이다.
- 무엇이 옳고 그른지를 말해 주는 마음의 소리이다.
- 옳은 것을 실천하게 하는 마음이다.
- 의지만 있으면 얼마든지 발휘할 수 있다.
- 인격의 힘에서 비롯된 것이다.

양심의 역할

- 동물적 본능에 따라 살아가지 않게 한다.

- 옳다고 생각하는 것을 선택하고 실천하는 도덕적인 삶을 산다.
- 올바른 사고와 행동을 지배한다.
- 자신과 다른 사람에게 기쁨과 행복을 준다.
- 인간을 바로 서게 만들어 고결한 인격을 갖게 된다.

양심을 발휘하고 유지하는 방법

🎬 인디언 속담

> 양심은 내 가슴 안에 모서리가 세 개 달린 물건이다. 내가 잘못을 저질렀을 때는 양심이 돌기 때문에 마음이 아프다. 내가 계속 잘못을 저질렀을 때 양심은 너무 많이 돌아간다. 잘못이 계속되다 보면 모서리가 닳아져 더 이상 아프지 않다.

- 양심은 커다란 목소리로 말하는 법이 없으며 강력한 의지가 없다면 양심이 무슨 말을 해도 소용없다. 양심의 소리를 무시하고 계속 나쁜 일을 저지르면 양심이 무감각해져서 비도덕적인 행동을 아무런 가책 없이 계속하게 된다.
- 양심을 지키거나 버리는 것은 오직 자신에게 달려있다. 의지를 가지고 저급한 본능과 시류에 휘말리지 말아야 한다. 양심으로 자기 규제를 하여 저급한 본능을 고상한 품성으로 전환시켜야 한다.
- 양심은 거울과 같아서 먼지가 계속 쌓이기 때문에 지속적으로 닦아야 한다. 사람은 유혹을 받기 쉬우므로 늘 마음을 갈고 닦아서 양심이 빛나도록 하여야 한다.
- 자신이 잘못하여 누군가를 실망시켰거나 일을 그르쳤을 때 부끄러움과 죄책감을 느끼고 같은 잘못을 반복하지 않는다.

● 양심적인 행동을 반복함으로써 양심을 지키고, 고상한 인격을
갖추기 위해 노력한다.

3 정직으로 얻는 신뢰

신뢰와 인간관계

● 신뢰는 타인의 마음을 사로잡는 인간관계와 관련된 감정이다.
신뢰는 타인에 대해 믿도록 하는 좋은 감정을 갖는 데서 생기
는 것으로 좋은 감정을 가지도록 행동을 함으로써 거둬들이는
성과물이다. 타인에게 나에 대한 믿음을 심어주고 그 대가로
얻는 것이다.

🎬 세종 어록

> 고려왕조가 망한 원인은 이성계가 위화도에서 회군했기 때문이 아
> 니라, 고려왕조가 백성들의 마음을 얻지 못했기 때문에 스스로 무너
> 진 것이다.

세종(世宗, 1397~1450)
조선의 제4대 왕
(재위 1418~1450)

● 인간관계에는 상호 신뢰가 전제되어야 한다. 예전의 임금도 신
하들과 백성의 신뢰를 얻지 못하면 누리고 있는 왕위도 사상
누각이다. 이처럼 신뢰가 없으면 인간관계의 기반이 지탱될 수
없으며 무너지고 만다. 신뢰하는 사람에게 매력을 느끼고 그
사람이 말하거나 행동하는 것에 대하여 지지하고 받아들인다.
신뢰는 인간관계의 생명과도 같으며 신뢰의 축적이 인간관계
발전의 기반이 된다. 서로에게 믿음을 주면서 신뢰를 쌓아가야
한다.

프랜시스 요시히로 후쿠야마(Francis Fukuyama, 1952~) 일본계 미국인으로 미국 대학교수·철학자·정치경제학자. 저서 《역사의 종언》으로 유명함.

🎬 프랜시스 후쿠야마 어록

> 한 사회의 경쟁력은 신뢰가 결정한다.

- 건전한 사회는 신뢰가 바탕이 되어야 한다. 우리는 지금 서로를 믿지 못하는 불신 사회에서 살고 있다. 이제 낮은 신뢰 사회에서 높은 신뢰 사회로 나가야 한다. 신뢰는 공동체 구성원을 함께 묶어주는 감성적인 접착제다. 신뢰가 없다면 건전한 사회가 될 수 없고 지탱하기도 어려울 뿐만 아니라 개인의 삶도 견뎌내기가 어려울 것이다. 왜냐하면 남을 신뢰할 수 없다면 결국 믿을 수 있는 사람은 자신밖에 없어 고립될 수밖에 없기 때문이다.

신뢰받는 방법

- 남을 신뢰하기 전에 먼저 나를 신뢰해야 한다. 나 스스로 생각하기에 신뢰받을만하다고 생각되어야 남도 나를 신뢰할 것이다. 나를 믿어야 하며 나의 능력을 신뢰해야 한다. 스스로 생각하기에 신뢰할만한 자질을 갖춘 합리적인 신뢰를 해야 한다.
- 남을 신뢰하면 남도 나를 신뢰할 것이다. 나를 믿게 하려면 먼저 남을 믿어야 한다.
- 신뢰할만한 사람이 되기 위해서는 기본적으로 언행일치해야 한다. 거짓말을 하지 않고 진실성과 진정성을 가져야 한다. 약속을 잘 지키고 정직해야 한다. 독선과 아집을 부리지 말고 사과해야 할 때 진정한 마음으로 사과해야 한다.

4 질서를 지키는 정직

질서의 의미

- 개인의 생명과 재산을 지키고 공동체의 유지와 발전을 위한 사회적 약속이다.
- 지켜야 할 규범으로 함께 살아가는 공동체 생활의 기반이다.
- 무질서와 혼란으로 무너질 수 있는 사회를 지탱하고 묶는 끈이다.
- 정직한 마음가짐으로 지켜야 하는 것이다.

질서를 지켜야 하는 이유

- 개인의 자유와 권리를 지킬 수 있기 때문이다. 법과 규범이 자유를 제한하는 것으로 생각하기 쉽지만, 법과 규범이 없다면 혼란 상황이 되어 개인의 자유와 권리가 지켜질 수 없다. 그러므로 사회가 합의하여 규정한 법과 규범을 지켜야 자유와 권리를 보호받을 수 있다.

- 사회 질서를 유지하여 평화로운 삶을 살 수 있게 한다. 다양한 가치관과 경쟁이 심화한 현대 사회에서 갈등이 야기되면 혼란에 빠질 수 있다. 그러므로 법에서 정한 규범에 의하여 갈등을 해소하고 평화를 유지하게 한다.

- 정의로운 사회를 만들어 갈 수 있게 한다. 법과 규범을 지키지 않고 부당한 이익을 추구하거나 공정하지 못한 방법으로 기회를 얻고자 한다면 정의롭지 못한 사회가 된다. 법을 지킴으로써 공정한 분배와 기회를 얻는 정의로운 사회가 될 수 있다.

질서를 지키는 방법

● 스스로 양심에 의해 자율적으로 질서를 지키는 것이 가장 이상적이며 바람직하다.

● 결과보다 과정을 중시하는 건전한 도덕성과 준법정신을 갖추어야 한다.

● 작은 공중도덕 실천과 기초질서를 지키는 것에서부터 출발한다.

 실천하기

• 매사에 정직하기로 마음먹고 실천한다.

• 거짓말이나 거짓 행동을 하지 않는다.

• 잘못을 저질렀을 때는 솔직히 시인한다.

• 양심에 거리끼는 행동을 하지 않는다.

• 남들에게 부끄러워할 일은 공개 여부를 떠나 아예 하지 않는다.

• 자신의 이익을 위해서 다른 사람을 속이거나 이용하지 않는다.

• 끊임없는 반성을 통해 양심을 유지하고 기른다.

• 유혹에 맞서는 용기를 발휘한다.

• 먼저 나 자신을 신뢰하면서 성실하고 정직한 자세로 도덕성을 갖춘다.

• 작은 약속이라도 꼭 지켜 말과 행동을 일치시킨다.

• 독선과 아집을 부리지 않는다.

• 탈법이나 불법을 저지르지 않는 준법정신을 생활화한다.

• 질서 의식을 가지고 선량한 풍속과 기초질서, 사회질서를 지킨다.

• 공공장소의 시설물을 고장 내거나 더럽히지 않는다.

 토론하기

• 정직한 사람은 어떤 사람인가?

읽기 자료

랑케의 언행일치

　독일의 역사학자 랑케가 산책하던 중 동네 골목에서 한 소년이 울고 있는 것을 보았다. 우유배달 소년이었는데 넘어지는 바람에 우유병을 통째로 깨뜨린 것이었다. 소년은 깨진 우유를 배상해야 한다는 걱정에 그 자리에 털썩 주저앉아 울고 있었던 것이다.

　랑케는 울고 있는 소년에게 다가가 말했다. "얘야, 걱정하지 말거라. 지금은 내가 돈을 안 가져와서 줄 수 없다만 내일 이 시간에 여기 나오면 내가 대신 배상해 주마."

　집으로 돌아온 랑케는 한 자선사업가가 보낸 편지를 받았다. 편지 내용은 역사학 연구비로 거액을 후원하고 싶으니 내일 당장 만나자는 것이었다. 랑케는 너무 기뻤지만 그 순간 소년과의 약속이 떠올랐다. 그 자선사업가를 만나기 위해서는 당장 먼 길을 떠나야 했기 때문에 소년과의 약속을 지킬 수 없는 상황이었다.

　랑케는 망설임 없이 자선사업가에게 다른 중요한 약속이 있어 만날 수 없다며 편지를 써서 보냈다. 랑케는 큰 손해를 감수하면서 소년과의 약속을 지켰다.

　랑케의 편지를 받은 자선사업가는 순간 상당히 불쾌했지만 전후 사정을 알게 된 후에는 더욱 랑케를 신뢰하게 되었고, 처음 제안했던 후원금 액수보다 몇 배나 더 많은 후원금을 지원했다.

레오폴트 폰 랑케(Leopold von Ranke, 1795~1886)
근대 사학을 확립한 독일의 역사학자.

• 랑케의 행동에 대해 어떻게 생각하는가?

정리하기

- 정직은 거짓이 없고 꾸밈이 없이 솔직하고 바르고 곧은 것이다.

- 거짓말을 하지 않고 허세를 부리지 말아야 한다.

- 정직함으로 신뢰를 얻고 존경을 불러일으켜야 한다.

- 정직한 사람은 믿을만한 사람으로 평가받아 신뢰를 얻는다.

- 정직한 사람은 신뢰를 얻어 좋은 인간관계를 맺을 수 있다.

- 정직하면 떳떳하고 당당할 수 있다.

- 정직을 실천하려면 거짓을 행하지 않고 유혹에 현혹되지 않아야 한다.

- 양심은 무엇이 옳고 그른지를 말해 주는 마음의 소리이다.

- 양심은 옳다고 생각하는 것을 선택하고 실천하는 도덕적인 삶을 살게 한다.

- 양심으로 자기 규제를 하여 저급한 본능을 고상한 품성으로 전환시켜야 한다.

- 양심을 지키고 고상한 인격을 갖추기 위해 노력해야 한다.

- 신뢰하는 사람에게 호감을 가지고 지지하고 받아들인다.

- 건전한 사회는 신뢰가 바탕이 되어야 한다.

- 남을 신뢰하기 전에 먼저 나를 신뢰해야 한다.

- 남을 신뢰하면 남도 나를 신뢰할 것이다.

- 질서는 개인의 생명과 재산을 지키고 공동체의 유지와 발전을 위한 사회적 약속이다

- 질서 순수는 작은 공중도덕 실천과 기초질서를 지키는 것에서부터 출발한다.

확인하기

1 정직해야 하는 이유를 서술하시오.

---

2 정직을 유지하고 실천하는 방법을 적어 보세요.

---

3 양심의 역할에 대해 서술하시오.

---

4 양심을 발휘하려면 어떤 자세를 가져야 할지 써 보세요.

---

5 신뢰 얻는 방법에 대해 서술하시오.

---

6 질서를 지켜야 하는 이유를 서술하시오.

---

4 책임

- 책임의 내용과 솔선수범의 자세, 의무에 대해 이해할 수 있다.
- 자신에 대한 책임인 근면과 성실에 대해 이해할 수 있다.
- 사회에 대한 책임인 법과 질서를 지키는 준법정신을 실천할 수 있다.
- 자연에 대한 책임인 환경 보호의 중요성을 인식할 수 있다.

1 책임지는 자세

 종지기의 책임감

- 종지기 니콜라이가 임종 직전에 종탑에 가서 종을 친 행동을 어떻게 보아야 할까?

> 영국 런던 캔터베리 대성당에 '니콜라이'라는 집사가 있었다. 그는 어린 나이인 17세부터 성당의 사찰 집사가 되어 평생을 성당 청소와 심부름을 하였다. 하지만 자기 일이 허드렛일이라고 생각하지 않았고 맡은 일에 헌신하고 최선을 다했다.
>
> 그가 하는 일 중에는 시간에 맞춰 성당 종탑의 종을 치는 일이 있었다. 그가 얼마나 정확하게 쳤던지 런던 시민들은 도리어 자기 시계를 니콜라이 종소리에 맞추었다고 한다. 그렇게 자신에게 엄격한 모습은 자녀들에게도 영향을 미쳐 그의 두 아들 역시 자기 일에 최선을 다해 노력해서 케임브리지와 옥스퍼드대학의 교수가 되었다.
>
> 그후 그가 노환으로 임종을 앞두고 있을 때였다. 가족들 앞에서 의식이 점점 멀어지던 그가 벌떡 일어났다. 가족들이 놀라는 가운데 그는 종탑으로 갔다. 바로 그때가, 그가 평생 성당 종을 쳤던 바로 그 시간이었던 것이다. 그는 마지막 순간에도 정확한 시간에 종을 치고 종탑 아래에서 세상을 떠났다.

이 소식에 감동한 엘리자베스 1세 여왕은 영국 황실의 묘지에 그를 안장해 주었고, 그의 가족들을 귀족으로 대우해 주었다. 그리고 모든 상가와 시민들은 그날 하루는 일하지 않고 그의 죽음을 애도하였고, 결국 그가 세상을 떠난 날이 공휴일로 되었다.

니콜라이의 직업은 심부름꾼, 종치기, 청소부였다. 하지만 니콜라이는 자신의 일에 대해 자부심과 책임감을 가지고 최선을 다한 것이다.

책임의 역할

● 개인과 공동체 유지와 발전을 위한 기본 핵심가치이다. 공동체 구성원들이 각자 맡은 일을 책임감 없이 행동한다면 공동체는 붕괴된다.

● 책임을 다하는 것은 고결한 행위이다. 책임을 져야할 때는 책임져야 한다.

≪채근담≫ 중에서

그릇이 작은 사람일수록 성공하면 제 자랑으로 삼고, 실패하면 남의 탓으로 돌리는 경향이 많다.

● 주어진 권한에 따른 책임감을 강하게 가져야 한다. 영향력이 있는 일을 할수록, 중요한 일을 할수록 더욱 무거운 책임감을 느껴야 한다.

● 책임을 져야할 때 남의 탓으로 돌리는 것은 비겁한 행위이다. 책임질 때는 '책임은 나에게'라는 정신을 발휘해야 한다.

≪채근담 菜根譚≫
1644년경 중국 명나라 때 홍응명(洪應明)이 만든 처세에 관한 책. 359개의 단문으로 구성되어 있음.

책임감이 강한 사람이 되는 방법

● 나에게 주어진 책임을 다하려는 자세로 행동한다.

● 내가 선택한 행동에 대해 책임을 진다.

● 나에게 주어진 임무는 반드시 완수한다.

● 나 때문에 잘못되었을 때는 솔직하게 인정하고 반성한다.

● 책임져야 할 때는 끝까지 책임을 진다.

2 솔선수범하는 자세

🎬 몽테뉴와 귀족

> 몽테뉴가 한 귀족을 만났을 때의 일화다.
> "백작님, 당신의 특권은 무엇입니까"라고 묻자 "전쟁이 일어났을 때 맨 앞에 서는 것이지요"라고 답했다.

미셸 드 몽테뉴(Michel de Montaigne, 1533~1592) 프랑스 철학자.

솔선수범의 필요성

● 공동체 유지와 발전을 위해 필요불가결하다.

● 일을 수행하는 데 있어서 말만 해서는 안 되며 행동이나 실천으로 솔선수범해야 한다.

● 자신이 먼저 최선을 다하는 행동을 하면 상대방도 최선을 다한다.

● 앞장서는 사람은 권한보다는 책임이 더 큰 것을 알고 앞장서서 실천해야 한다.

솔선수범과 신뢰

- 솔선수범은 사람들이 신뢰하고 자발적으로 따르게 하는 원동력이다.
- 솔선수범하면 사람이 따르지만, 그렇지 않으면 따르지 않는다.
- 헌신하고 노력하고 정직한 모습을 보여야 한다.

3 책임감을 지닌 의무

🎬 마르쿠스 아우렐리우스 어록

> 인생의 목적은 대다수가 하는 것처럼 하는 것이 아니라 자신의 마음속에서 깨달은 내면의 법칙에 따라 사는 것이다. 양심과 진실에 어긋난 행동은 하지 말라. 이러한 마음가짐으로 산다면 인생의 사명을 완수할 수 있을 것이다.

마르쿠스 아우렐리우스
(Marcus Aurelius, 121~180)
로마 제국의 제16대 황제. 로마의 황금시대를 상징한 인물. 스토아 철학이 담긴 〈명상록〉의 저자.

의무의 의미

- 인간은 누구나 공동체의 일원으로서 각자의 위치에서 의무를 가지고 있다.
- 삶의 고차원적인 목적지이고 목표이며 옳은 일을 행하게 하는 원천이다.
- 의무는 끝이 없으며 삶의 단계마다 존재한다.
- 인간에 대한 의무, 인류에 대한 의무, 국가에 대한 의무, 사회에 대한 의무, 가족에 대한 의무, 이웃에 대한 의무, 윗사람에 대한 의무, 아랫사람에 대한 의무 등이 있다.
- 공적인 의무는 법과 제도로 규정되어 강제되어 있다.

의무를 다하는 것은 삶의 본질

● 인생의 진정한 기쁨은 의무를 깨닫는 데서 비롯되어 의무를 다할 때 느낀다.

● 옳은 일을 행하고 그릇된 일을 하지 못하도록 하여 인생길을 평탄하게 한다.

● 의무를 다한 사람은 결코 후회하거나 실망하지 않는다.

● 의무를 수행한다는 것은 자신을 헌신하는 것이다.

● 성공한 사람은 공동체가 기회를 준 것이므로 의무적으로 돌려주어야 한다.

4 자신에 대한 책임 : 성실

최선을 다하는 자세

🎬 도산 안창호 이야기

• 도산 안창호 선생은 어떻게 성실을 발휘했는가?

안창호(安昌浩,
1878~1938)
호 도산(島山), 독립운동가
· 교육자.

> 도산 안창호 선생이 미국에 건너가 청소부로 일하면서 공부할 때, 하루는 어느 미국인의 저택에서 한 시간에 1불씩 받고 여덟 시간 청소를 하게 되었다. 그는 사람의 손이 닿지 않는 구석까지 청소 도구를 만들어서 청소하였다. 집주인이 베란다에서 내려다보니까 마치 자기가 거처하는 방을 청소하듯이 성실히 하는 것을 보고 감동하여 "어느 나라 사람이기에 이렇게 열심히 청소하나요?" 하고 물었다. 그때 도산 안창호 선생은 "한국 사람입니다"라고 대답했다. 청소가 끝난 후 주인은 흐뭇한 표정을 지으며 처음에 약속한 것보다 50센트씩 더하여 12불을 주면서 "당신은 성실함으로 이루지 못할 일이 없을 것입니다"라고 말했다.

- 지금 현재 주어진 상황에서 성실한 자세로 임하지 않는다면 아무리 좋은 상황이 오더라도 성실함을 보이지 못할 것이다. 비록 현재 상황이 어렵더라도 성실한 자세를 보이면 좋은 상황이 왔을 때 더 많은 성취를 거둘 수 있다.

- 어떤 일을 하는 것이 중요한 것이 아니라 그 일을 얼마나 열심히 하느냐가 중요하다. 지금 자신이 하는 일이 어떻게 쓰일 것인지가 중요한 것이 아니라 어떠한 자세로 일하고 있는지, 성실한 태도 여부가 중요하다.

- 매 순간을 성실한 자세로 최선을 다해야 한다. 매일 잠들기 전에 하루 일과를 돌아보면서 최선을 다해 만족스럽다고 스스로 칭찬할 수 있는 삶을 살아야 한다. 그렇게 하다 보면 꿈을 향한 길이 보일 것이다.

천재를 능가하는 성실

🎬 모차르트가 친구에게 보낸 편지

> 사람들은 내가 쉽게 작곡한다고 생각하지만 이건 실수라네. 단언컨대 친구여, 나만큼 작곡에 많은 시간과 생각을 바치는 사람은 없을 걸세. 유명한 작곡가의 음악치고 수십 번에 걸쳐 꼼꼼하게 연구하지 않은 작품은 하나도 없으니 말이야.

모차르트(Wolfgang Amadeus Mozart, 1756~1791)
오스트리아의 서양 고전 음악 작곡가. 주요 작품으로는 〈교향곡 41번〉 〈피가로의 결혼〉 〈돈 조반니〉 〈마술 피리〉 등과 최후의 작품인 〈진혼곡〉이 있음.

- 성실함이란 어떤 문제에 부딪히면 남보다 시간을 두세 곱절 더 투자하는 것이다. 땀은 배신하지 않으며 평범하지만 꾸준히 노력하는 사람이 게으른 천재를 이긴다. 재능을 믿지 말고 노력을 믿어야 한다. 재능을 가진 사람은 많지만 중요한 사실은 재능을 갖는 것만으로는 충분하지 않으며 재능을 가꾸는 성실한

노력이 뒤따라야 한다. 모차르트는 어린 시절부터 10여년 이상 타국에서 공부하였다.

- 천재를 만드는 것은 1%의 영감과 99%의 땀이란 말이 있다. 천재는 열심히 노력한 결과로 탄생한 것이다. 진정한 천재는 성실이라는 평범한 자질을 높이 평가하고 무조건 열심히만 하는 것이 아니라 효율적인 노력을 기울인다. 유익한 일에 시간을 쓰고 필요 없는 행동을 하지 않는다. 이처럼 현명하게 창의적으로 노력하여 기대 이상의 성과를 창출해야 한다.

5 사회에 대한 책임 : 질서와 준법

질서를 지켜야 하는 이유

- 개인의 생명과 재산을 지키고 더불어 살아가는 공동체 생활의 기반으로서 반드시 지켜야만 하는 공공의 약속이다. 가정, 학교, 직장, 나라 등 각 공동체는 나름대로 질서가 정해져 있으며 개인이 공동체의 일원으로서 질서를 지키는 것은 의무이다.
- 의무적으로 지켜야 하는 법과 같은 강제 규정일 수도 있고, 자율적으로 규정된 예절일 수도 있다. 법이건 예절이건 정해 놓은 질서를 잘 알고 엄격하게 지켜야 한다.

법을 지켜야 하는 이유

- 법이 자유를 제한하는 것으로 생각하기 쉽지만, 법이 없다면 혼란 상황이 되어 개인의 자유와 권리가 지켜질 수 없다. 그러므로 누구든지 법을 지켜야 법이 규정한 범위 내에서 자유와 권리를 보호받을 수 있다.

- 다양한 가치관과 경쟁이 심화된 현대 사회에서 갈등이 야기되면 혼란에 빠질 수 있다. 그러므로 법의 규정에 의하여 갈등을 해소하고 사회 안정을 유지하게 한다.
- 법을 지키지 않고 부당한 이익을 추구하거나 공정하지 못한 기회를 얻고자 한다면 정의롭지 못한 사회가 된다. 법을 지킴으로써 공정한 분배와 기회를 얻게 되는 정의로운 사회가 될 수 있다.

6 자연에 대한 책임 : 환경 보호

🎬 스피노자 어록

> 내일 지구의 종말이 온다 해도 나는 오늘 한 그루의 사과나무를 심겠다.

🎬 후손들을 위한 선물

• 여든이 넘은 할아버지가 나무 묘목을 심는 이유는 무엇일까?

한 남자가 등산을 하다가 산에 나무 묘목을 심고 있는 노인을 보고 말을 걸었다. "어르신, 그 나무가 자라서 큰 나무가 되려면 얼마나 시간이 걸리겠습니까?" 그 말에 노인은 웃으며 친절하게 대답했다. "빨라도 30년 정도 걸리겠지요."

그러자 남자가 노인을 비웃으며 말했다. "어르신 지금 연세가 어떻게 됩니까? 그때까지 어르신이 살아있지 않을 것 같은데요." 그 말을 듣고도 노인은 진지한 표정을 지으며 대답했다. "내 나이가 벌써 여든을 넘겼으니 그때까지 살 수는 없겠지요."

그러자 남자는 다시 물었다. "그런데 묘목을 왜 심는 겁니까?" 노인은

스피노자(Spinoza, 1632.~1677)
네델란드의 철학자

99

잠시 일손을 놓고, 남자에게 또렷하게 말했다. "지금 내가 사는 뒷산은 숲이 울창해서 홍수에도 끄떡없어요. 그 나무를 누가 심어 놓았을까요?" 바로 우리 할아버지와 아버지가 심어 놓으셨던 것이지요. 나도 그분들처럼 우리 후손들에게 아름다운 자연을 물려주기 위한 일인데 쓸모없는 일이라니요?"
남자는 더는 아무 말도 하지 못하고 얼굴을 붉혔다.

환경을 보호해야 하는 이유

● 인간은 자연과 함께 살아가는 존재이므로 환경을 보호해야 한다.

● 환경이 오염되고 파괴되면 그 악영향은 고스란히 인간에게 되돌아오며 후손은 지속 가능한 삶을 위협받을 수밖에 없다. 환경을 보전하는 데 이바지하여 후손에게 물려주어야 한다.

환경을 보호하는 방법

● 인간과 자연의 공존이라는 인식을 공유하고 확산시켜 나가는 것이 환경 보호의 밑거름이다.

● 인간성 회복과 생명 존중 사상을 가져야 한다.

● 물질 만능주의를 좇다가 잃어버린 인간성을 되찾고 파괴된 자연을 회복시켜야 한다.

● 자신의 행위가 환경에 미치고 있는 영향들을 자각하고 자신이 할 수 있는 범위 내에서 환경 보호에 이바지한다.

● 환경 문제에 더욱 많은 관심을 기울이고 환경 파괴를 최소화하기 위해 생활 속에 작은 실천을 해야 한다.

실천하기

- 내가 맡은 일에 대하여 책임지는 자세를 가진다.
- 내가 앞장서야 하는 일에는 솔선수범한다.
- 내 의무가 무엇인지를 알고 의무를 지킨다.
- 책임을 다하기 위해 근면 성실한 자세를 가진다.
- 사회에 대한 책임의식으로 법과 질서를 준수한다.
- 환경에 관심을 가지고 절제하고 절약하는 생활을 한다.

 토론하기

- 책임지는 자세는 어떤 자세인가?

트루먼의 책임 의식

1945년 1월 6일, 독일은 미국에 선전포고하고 루스벨트 미국 대통령은 병석에 눕게 된다. 부통령으로서 임시 대통령이 된 트루먼은 자신의 책임으로 제2차 세계 대전을 이끌었다. 1945년 4월 루스벨트 대통령의 타계 후 대통령직을 물려받게 된 트루먼은 백악관 집무실 책상에 늘 '최종 책임은 내가 진다. (The BUCK STOPS here)'는 문구가 적힌 호두나무 받침을 붙인 채색유리로 만든 명패를 놓아두었다. 미국 정부가 결정하는 문제에 대해 최종적으로 책임지는 자세를 가지고 세계사에 커다란 발자취를 남겼다.

트루먼은 책임감을 갖고 일본에 원폭 투하 결정 등으로 제2차 세계 대전을 승리로 이끌었으며 세계 최고 국제기구인 UN 창설 주역이었고, 냉전 시대 서방 진영의 방향을 정하는 트루먼 독트린을 탄생시켰다. 당시 국무장관인 마셜에게 '마셜 플랜'을 수립하도록 했으며, 서방 세계를 수호하기 위한 NATO(북대서양조약기구)를 창설했다.

한국전쟁이 일어나자 트루먼은 책임감을 가지고 의회의 승인을 받지 않고 한국에서의 미군 개입 성명을 발표하고 유엔에 북한을 제소했다. 1950년 6월 26일 밤 10시에 일본에 주둔 중이던 맥아더에게 "즉시 출동하라"는 명령을 내렸다. 7월 7일 유엔안전보장이사회는 유엔군사령부를 설치하고 미국이 최고사령부를 구성한다는 결의안을 통과시켜 유엔 창설 이후 최초로 유엔군이 조직 창설되었다. 동원된 유엔군은 대부분이 미군이었으며 트루먼은 맥아더를 유엔군 총사령관에 임명했다.

그는 자신이 해야 할 바를 명확히 알고 있었고 실리적인 정신을 가지고 있었다. 책임지는 자세로 결단을 내리고 실행에 옮겨 미국 국민과 세계 사람들에게 감동을 주는 대통령이었다. 트루먼은 1953년 1월 이임 연설에서 이렇게 말했다.

"대통령은 그가 누구든지 결정을 해야만 합니다. 누구에게도 책임을 전가할 수 없습니다. 그 밖의 누구도 그를 대신해서 결정할 수 없습니다. 그것이 바로 대통령의 할 일입니다. 책임을 질 수 없으면 책임을 맡지도 말아야 합니다."

해리 S. 트루먼(Harry S. Truman, 1884~1972)
미국의 제33대 대통령(1945~1953)

정리하기

◉ 책임은 개인과 공동체 유지와 발전을 위한 기본 핵심가치이다.

◉ 주어진 권한에 따른 책임감을 강하게 가져야 한다.

◉ 나 때문에 잘못되었을 때는 솔직하게 인정하고 반성한다.

◉ 행동이나 실천으로 솔선수범해야 한다.

◉ 솔선수범하면 사람이 따르지만, 그렇지 않으면 따르지 않는다.

◉ 인간은 누구나 공동체의 일원으로서 각자의 위치에서 의무를 가지고 있다.

◉ 의무를 수행한다는 것은 자신을 헌신하는 것이다.

◉ 자신에 대한 책임은 성실하게 생활하는 것이다.

◉ 지금 현재 주어진 상황에서 성실한 자세로 임해야 한다.

◉ 꾸준히 노력하는 사람이 게으른 천재를 이긴다.

◉ 사회에 대한 책임은 질서를 지키고 법을 준수하는 것이다.

◉ 개인은 공동체의 일원으로서 질서를 지키는 것은 의무이다.

◉ 법을 지켜야 법이 규정한 범위 내에서 자유와 권리를 보호받을 수 있다.

◉ 인간은 자연과 함께 살아가는 존재이므로 환경을 보호해야 한다.

◉ 환경을 보전하는 데 이바지하여 후손에게 물려주어야 한다.

확인하기

1 나에게 책임이 있었던 일에 대하여 적어 보세요.

- -

2 책임감이 강한 사람이 되는 방법을 적어 보세요.

- -

3 책임을 다하면 나와 공동체는 어떻게 되나요?

- -

4 솔선수범의 필요성에 대해 적어 보세요.

- -

5 현재 나의 위치에서 가져야 할 의무는 무엇인가요?

- -

6 성실한 자세는 어떻게 행동하는 것인가요?

- -

7 내가 실천해야 할 자연에 대한 책임을 적어 보세요.

- -

정답 1~7. 생각 적어보기

5 존중

📖 **학습목표**
- 인권, 자기존중, 타인존중, 상호존중의 의미를 이해하고 실천할 수 있다.
- 자긍심의 의미를 이해하고 자긍심 함양을 위한 실천과제를 설명할 수 있다.
- 인간관계에 있어서 존중의 중요성을 이해하고 실천과제를 열거할 수 있다.

1 인간 존중이란 무엇인가

인간 존중의 의미

🎬 마오리족 격언

> 세상에서 가장 중요한 것이 뭐냐고 물으면 사람, 사람, 사람이라고 말할 것이다.

- 나에 대한 자긍심을 가지고 타인의 개성과 다양성을 인정하며 배려하는 마음이다.
- 나를 포함한 모든 인간을 수단이 아닌 목적으로 대우하는 것이다.
- 인간의 존엄성을 인정하면서 인격체로 대우하는 것이다.
- 높이 받들고 소중하게 여기는 것이다.
- 공동체 유지와 발전을 위해 사람이 갖춰야 할 도덕적 요건이다.
- 인간관계에서 기본적으로 가져야하는 마음가짐이다.

인권

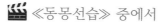 ≪동몽선습≫ 중에서

> 하늘과 땅 사이의 수 많은 존재 중에 인간이 가장 귀한 존재이다.

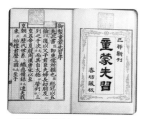

동몽선습(童蒙先習)
조선시대 1543년 박세무·민제인이 쓴 서당에서 가르쳤던 어린이들의 한문 교재.

- 인간이 태어나면서부터 하늘이 부여한 마땅히 누리고 보장받아야 하는 기본적 권리이다. 단순히 사람의 권리가 아닌 '인간답게 살 권리'이다. 인간다운 삶을 누린다는 것은 단순히 생명을 유지하는 것을 넘어서 인간의 존엄성을 유지하며 살아가는 것을 의미한다.

- 인간 존엄성은 인종이나 성별, 종교, 사회적 지위, 재산에 관계없이 인간이라는 이유만으로 존중받아야 하는 소중한 존재라는 것이다.

- 누구나 누려야 할 권리라는 점에서 보편성을 지니며, 태어날 때부터 가지는 권리라는 점에서 천부성과 어느 누구도 절대 침해할 수 없고 어떤 것과도 바꿀 수 없는 절대성을 가진다.

- 인간의 존엄성은 모든 사람이 서로 존중할 때 실현될 수 있다. 자신의 존엄성 못지않게 다른 사람의 존엄성도 존중해 주어야 한다.

- 1948년 12월 국제 연합(UN) 총회에서 세계 인권 선언을 채택하여 사상, 종교, 언론, 집회 및 결사, 거주 이전, 통신의 자유와 주거 및 재산권 불가침과 같은 자유권과 국민이 정치에 참여하는 참정권, 그리고 국민이 생활을 보장받을 사회권을 인권 속에 포함시켰다.

- 우리나라 헌법에도 '모든 국민은 인간으로서의 존엄과 가치를 가지며, 행복을 추구할 권리를 가진다. 국가는 개인이 가지는

불가침의 기본적 인권을 확인하고 이를 보장할 의무를 진다'라
고 명시하고 있다.

자기 존중

🎬 빌 게이츠 어록

> 세상 누구와도 자신을 비교하지 말라. 다른 사람과 자기를 비교하는
> 것은 스스로를 모욕하는 것이다.

빌 게이츠(Bill Gates, 1955~)
마이크로소프트를 창립하여 회장 역임. 세계 최고의 부자. 세계 최대 자선 재단 빌 앤 멜린다 게이츠 재단 운영.

- 자신을 있는 그대로 받아들이고 소중하게 여기는 것이다.
- 자신의 도덕적 권리와 자신의 도덕적 의무에 대해 올바르게 인식하는 것이다.
- 매사에 긍정적인 자세로 다른 사람의 부적절한 평가에 개의치 않고 노력한다.
- 자기 존중은 타인 존중의 첫걸음이다. 자신을 소중하게 여기지 않는데 타인을 소중하게 여길 수 없다. 자신을 소중하게 여길 때, 타인도 소중한 존재라는 것을 깨닫게 된다.
- 자신을 존중하면서 자신이 부족하거나 잘못할 수도 있다는 것을 인식할 때, 타인도 역시 부족할 수도 있고 잘못할 수도 있다는 점을 이해하면서 존중하게 된다.

타인 존중

- 다른 사람을 대할 때의 태도 원리이다.
- 다른 사람의 개성, 습관, 생각, 가치관, 감정 등을 이해하고 받아들이는 것이다.
- 상대방에게 감사하는 것이며, 상대방을 믿는 것이며, 상대방의

입장에서 사안을 바라보는 것이다.

- 상대방과의 생각을 같이하는 것이 아니라 비록 생각이 다르더라도 상대방의 생각을 무시하거나 자의적으로 판단하지 않고 인정하는 것이다.

- 진정한 타인 존중은 다른 사람 그 자체를 존중하는 것으로 존엄성과 권리를 가진 사람으로 대우하는 것이다.

- 타인 존중은 자신에게 돌아온다. 가는 말이 고와야 오는 말이 곱듯이 상대방을 존중하면 존중하는 마음이 돌아오는 것이다. 상대방을 낮추고 자신을 올리려고 해서는 안 된다. 상대방을 무시하면 자신도 무시당하게 되어 있다. 내가 다른 사람을 이해하고 인정하면 그 사람도 나를 이해하고 인정해 줄 것이다. 타인 존중을 발휘하여 자신도 상대방으로부터 존중을 받도록 인격을 높여야 한다.

존중하는 방법

- 상호 존중을 하기 위해서는 세상에는 저마다 다른 성격을 가진 사람들의 다양한 삶이 있다는 것을 전제하고 이해해야 한다.

- 사람이 살아오면서 축적한 경험과 지식은 각각 다르기 마련이다. 서로의 다름을 받아들이면서 각자가 가지고 있는 사고방식이 다를 수 있다는 유연한 마음을 가져야 한다.

- '나는 옳고 너는 틀렸다'는 일방적인 단정을 경계하고 독선과 아집을 부려서는 안 된다. 상대방의 의견을 존중하지 않고 나만의 시각이나 그릇의 크기로만 판단해서는 안 된다. 자기 생각과 다른, 때로는 반대되는 생각을 이해하고 받아들이겠다는 마음과 태도를 가져야 한다.

- 자신의 입장과 상대방의 입장에서 동시에 사안을 바라볼 수

있어야 한다. 그러면 서로 간에 신뢰가 쌓이면서 상호 존중하는 관계가 형성되는 것이다.

- 건전한 인간관계는 상호 존중이 바탕이 되어야 한다. 상호 존중해야 인간관계가 유지되고 발전한다.

- 자신이 상대방으로부터 존중을 받으려면 먼저 인격적인 사람이 되어야 한다. 존중은 존경심의 발로이므로 존경을 받을 수 있는 마음씨를 가지고 행동해야 한다.

- 도와줄 때는 따뜻한 마음으로, 지적할 때는 진실한 마음으로, 가르칠 때는 이해하는 마음으로 해야 한다.

- 상대방에게 관심을 가지고 배려하며 예의를 갖추어야 한다. 관심과 배려는 타인 존중의 기본적인 자세이며 예의는 존중하는 마음의 표현이다.

- 상대방의 말을 경청하며 관용의 자세를 가져야 한다. 경청은 상대방에 다가가는 것이며 관용은 상대방의 생각과 가치를 존중하면서 너그럽게 받아들이는 것이다.

2 자기를 존중하는 자긍심

🎬 칭기즈 칸의 자긍심

- 칭기즈 칸이 역사상 가장 유명한 정복왕이 될 수 있었던 이유는 무엇일까?

칭기즈 칸(Genghis Khan, 1162~1227)
몽골 제국의 건국자이자 초대 칸. 역사상 가장 유명한 정복자.

칭기즈 칸은 가진 것이 없었다. 글을 읽고 쓸 줄도 몰랐고 목숨을 부지하기 힘든 험난한 어린 시절을 보내야 했다. 그가 가진 땅 역시 비옥하지 않았다. 그러나 칭기즈 칸은 그것을 부정하지 않았다. 오히려 긍정했다. 그는 언제나 '내가 가야 할 길을 막는 사람은 바로 자신'

> 이라고 생각했다. 끝없는 자기 부정이 아닌 끝없는 자기 긍정으로 세
> 계를 점령하고 지배했다.
>
> 칭기즈 칸은 어려운 여건에서도 한없는 자긍심으로 20만 명밖에
> 안 되는 기마군단을 이끌고 나폴레옹, 히틀러, 알렉산더가 정복한 땅
> 을 모두 합친 것보다 더 많은 땅을 다스렸다. 교통과 통신이 원시적일
> 수밖에 없었던 시절 유라시아 대륙 절반을 한 사람이 통치했다는 사
> 실은 경이로운 일이다.

자긍심의 의미

- 자신을 세상에 하나밖에 없는 유일하고 특별한 귀한 존재로
  여기는 것이다. 누구도 똑같이 생긴 사람은 없으며 똑같은 생
  각이나 아이디어, 일을 처리하는 방식을 가지고 있지 않다. 다
  른 사람과 비교하지 말고 자신을 있는 그대로 받아들이고 자
  신만의 존귀한 가치를 인식하고 인정해야 한다.

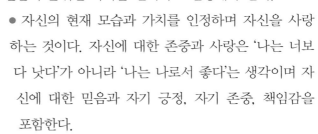

  - 자신의 현재 모습과 가치를 인정하며 자신을 사랑
    하는 것이다. 자신에 대한 존중과 사랑은 '나는 너보
    다 낫다'가 아니라 '나는 나로서 좋다'는 생각이며 자
    신에 대한 믿음과 자기 긍정, 자기 존중, 책임감을
    포함한다.

- 자기 사랑은 모든 깊은 사랑의 첫걸음이다. '애기애타(愛己愛他)'
  는 '나 자신을 사랑할 수 있어야 남도 사랑할 수가 있다'는 뜻
  이다. 자기 자신과 사랑에 빠질 수 없다면 다른 사람과 깊은
  사랑에 빠질 수 없다. 다른 사람을 사랑하려면 우선 자신부터
  사랑하는 법을 배워야 한다.

- 자신을 유능한 존재로 여기고 자신을 믿는 것이다. 인생에서
  가장 중요한 대상은 바로 '자기 자신'이다. 자기 자신에 대한 믿

음은 매우 중요하다. 스스로 자신에게 힘을 주고, 인정하고, 믿어야 한다.

● 자신에 대해 긍정적인 자기 이미지를 심는 것이다. 자기 이미지는 자신이 만들어 온 자신에 대한 생각들로 구성된 것이다. 생기 넘치는 생각을 주입하여 밝고 건전한 자기 이미지를 가져야 한다.

🎬 긍정적인 자기 이미지

• 이 남자는 어떻게 하여 긍정적인 자기 이미지를 갖게 되었을까?

한 남자가 자신의 약혼녀와 함께 주말을 맞아 캐나다 삼림 지대를 거닐고 있었다. 그러던 중에 새끼를 낳은 어미 곰과 마주치게 되었다. 어미 곰이 새끼들을 보호하겠다는 일념에서인지 약혼녀를 공격하자 남자는 엉겁결에 어미 곰에게 달려들어 약혼녀를 구해내는 데 성공했다. 그 순간 어미 곰은 남자의 몸을 짓눌러 놓았다. 뼈가 드러날 정도로 잔인하게 물었으며 발톱으로는 얼굴을 이리저리 후려치며 짓이겨 놓았다. 남자가 목숨을 건진 건 기적에 가까웠다. 그 후 남자는 8년에 걸쳐 여러 차례 봉합 수술과 성형 수술을 받았지만, 자신이 바라봐도 여전히 끔찍한 얼굴이었다. 그는 다시는 사회에 얼굴을 내밀고 싶지 않았다. 그는 여러 차례 자살을 시도했지만, 번번이 발각되어 실패했다.

얼마 뒤 친구가 그에게 강연 테이프를 갖다 주었다. 그 테이프는 마흔두 살에 청력을 상실했지만, 세계에서 가장 뛰어난 세일즈맨이 된 폴 제퍼스에 관한 것이었다. "시련은 평범한 사람을 특별한 사람으로 만든다." 그 얘길 듣고 그는 자기 자신에게 말했다. "그것이 바로 나다. 난 특별한 사람이야!" 그는 사회로 나가서 보험 판매를 하기 시작했다. 그것은 날마다 많은 사람에게 자신의 모습을 드러내야 한다는 것을 의미했다. 그는 명함에다 아예 자신의 일그러진 얼굴 사진을 인쇄

해 만나는 사람들에게 주면서 말했다. "내 겉모습은 흉하게 생겼지만 내면은 아름답습니다. 당신이 내게 관심을 가지면 금방 그것을 알게 될 겁니다."

　　그는 건전한 자기 이미지를 자신에게 불어넣으며 어려움을 극복하면서 꾸준히 활동해 나갔다. 몇 년 후 그는 캐나다에서 첫손가락에 꼽히는 보험 세일즈맨이 되었다. 그동안 그에게 문제가 되었던 것은 외모가 아니라 자신을 어떻게 바라보는가 하는 것이었다. 그는 자신의 흉측한 겉모습 때문에 열등감과 부정적인 자기 이미지에 사로잡혀 스스로 인생의 나락으로 떨어졌다. 하지만 자신의 내면의 아름다움을 깨달은 순간 건전한 자기 이미지를 갖게 되면서 가혹한 운명을 황금의 기회로 돌려놓은 것이다.

- 자긍심은 자신을 바라보는 자기 이미지의 문제다.
- 자신을 괜찮은 사람이라고 생각하고 인정하고 신뢰하고 칭찬해야 한다.
- 자신의 좋은 점들을 긍정하고 자랑스럽고 귀하게 여겨야 한다.

자긍심의 기능

- 사람은 자긍심에 의해 움직인다. 자신을 사랑하는 사람만이 인생을 열심히 앞으로 나아가게 하며 그 힘은 내면으로부터의 자기 사랑이다. 자신을 사랑하지 않는 한 변화하고 발전하기 어렵다.
- 인간은 자신을 인정하는 것만큼 발전한다. 자신이 여러 면에서 충분하다는 생각을 가지고 자신을 믿어야 자신감을 발휘하여 발전하는 삶, 꿈을 실현하는 삶, 행복한 삶으로 만든다.

나를 객관적으로 보기

- 자기 사랑은 무턱대고 할 수 있는 일이 아니다. 끊임없는 자기 관찰과 자기 계발이 선행되어야 진정한 의미의 자기 사랑에 흠뻑 빠질 수가 있다. 과연 나 자신이 사랑할 수 있는 사람인지 스스로 생각해 보아야 한다.

- 꿈을 실현하기 위해선 자신이 어떤 면에서 뛰어난지를 알아야 한다. 많은 사람은 타고난 재능을 몰라 재능을 살리지 못하지만 탁월한 사람은 자신의 재능을 알고서 발휘한다. 어떤 재능을 가지고 있는지 스스로 객관적으로 알아야 한다.

3 존중과 인간관계

인간관계의 의미

- 인간은 상호 교류하며 살아가야 한다. 자기 자신으로만 존재할 수 없으므로 다른 사람들과 인간관계를 맺어야 한다. 기쁨, 슬픔, 성공, 실패를 함께 나눌 수 있는 가족, 친구, 동료가 필요하고 중요하다. 인간관계에 있어서 가족과의 관계는 선택의 여지가 없는 필연적인 관계이지만 대부분의 인간관계는 만남이라는 인연에 의해서 이루어진다.

- 진정한 만남은 상호 간의 눈뜸이다. 영혼의 울림이 없으면 그건 만남이 아니라 한때의 마주침이다. 살다 보면, 걷다 보면, 스치다 보면 아주 짧은 순간 서로 알아보고 운명적인 만남이 되어 삶 전부를 나누는 인연이 된다. 처음에는 단순한 시선의 교환, 솔직한 대화, 변화된 태도, 손을 내뻗침 등으로 시작하지만, 자신을 열리게 하고 깨이게 하면서 삶에 즐거움과 활력

을 주고 성장시키는 축복이 된다.

● 인간관계를 원숙하게 하는 길은 상호 존중이다. 인간관계를 맺는다는 건 그 사람의 과거 경험과 현재 위치와 다가올 미래 위상과 함께 만나는 것으로 그 사람의 일생을 만나는 것이다. 한 순간의 섬광 같은 인연이 삶의 방향과 인생을 결정할 수 있다. 인생을 살아가면서 어떤 사람과 인간관계를 맺는 것은 중요하다. 작은 인연을 소중히 하는 것이 어쩌면 인생을 풍요롭게 하는 결정적인 계기가 될 수도 있다. 함께 있어서 즐겁고 뭔가 얻고 배울 수 있는 사람과 인간관계를 맺어야 한다.

존중하는 인간관계

● 존중은 상대방에게 다가가기 위한 최소한의 노력으로 인간관계의 바탕이며 출발점이다.

● 존중은 지지와 수용을 촉진하는 매력의 한 형태이다. 존중하는 사람에 대하여 매력을 느끼고 그 사람이 말하거나 주장하는 것에 대하여 지지하고 받아들이는 것이다. 따라서 사람은 존중을 느끼는 사람을 좋아하고 만나기를 원한다.

● 자기 생각만을 고집하는 편협한 태도를 가진다면 바람직한 인간관계는 형성되지 못할 것이다. 존중하는 마음이 없다면 관계는 불편해지고 감정이 상한다.

● 서로의 견해가 다른 경우에 상대방의 의견을 이해하고 존중하는 마음을 가진다면 원만한 관계를 유지하고 발전시킬 수 있다.

● 상대방에 대한 존중을 생각뿐만 아니라 행동에서도 실질적으로 보여주어야 한다.

라이벌의 인간관계

• 송시열은 당파가 다른 허목이 처방한 독약 성분이 든 약제를 왜
  의심하지 않고 마셨을까?

조선 후기 현종 때 명의이자 우의정을 지낸 허목과 학자이자 정치
가인 송시열은 다른 당파로 인해 서로 원수같이 반목하고 있었다. 그
러던 중 송시열이 중병을 얻게 되어 여러 약을 써 보았으나 효과가 없
었다.

송시열은 허목만이 자신의 병을 고칠 수 있다고 생각
하고 허목에게 아들을 보내 약 처방을 부탁했다. 그런데
허목은 처방전 약재 중에 독약 성분을 넣었다고 하면서
함께 달여서 먹으라고 했다. 처방전에 대한 이야기를 듣
고 사람들은 말렸지만 송시열은 허목의 처방대로 약을
먹고 얼마 뒤 씻은 듯이 병이 나았다.

서인 송시열과 남인 허목은 조정에서 만나면 서로 다
른 의견을 가지고 다툼과 대립을 하기도 했지만 조정 밖
에서는 서로의 인품을 존중하고 믿어주면서 교분을 나
누었다.

● 세상에는 다양한 생각과 개성을 가진 사람이 더불어 살아가고
  있다. 때로는 의견이나 생각이 다르더라도 무조건 배척할 것이
  아니라 열린 마음으로 다름을 인정하면서 함께 나아가야 한다.

● 나와 서로 다른 입장에 있다고 해서 인격마저 다른 것이 아니
  다. 서로가 경쟁 상대일지라도 상대의 능력을 인정하고 존중할
  때 좋은 인간관계로 발전할 수 있다.

 실천하기

- 인권의 중요성을 인식하고 인권을 존중하는 행동을 한다.
- 나를 존중하면서 타인의 개성과 다양성도 인정하고 존중한다.
- 다른 사람의 생각과 가치관이 나와 다르더라도 관용의 자세를 가진다.
- 다른 사람의 삶의 방식을 존중한다.
- 문화적 환경이 다른 사람에 대해 다름을 인식하고 존중해 준다.
- 상대방의 의견을 경청하고 나의 의견을 말한다.
- 상대방에게 상황에 알맞은 예의를 갖추고 존중하는 말씨를 쓴다.
- 다른 사람에 대해 험담을 하지 않고 화를 내지 않는다.
- 인간관계의 중요성을 인식하고 맺고 있는 사람을 존중하면서 예의를 지킨다.
- 먼저 가까이 있는 사람에게 성심을 다한다.
- 진취적이고 긍정적인 사람과 인간관계를 맺는다.

 토론하기

- 존중의 종류에는 어떤 것이 있으며 각각의 종류에 어떤 자세를 가져야 할까?

책 읽기

≪슈바이처의 생애≫

(슈바이처)

비록 보잘것없는 일에서도, 우리는 도움이 필요한 사람들을 인격체로 대해야 한다. 이렇게 함으로써 우리는 진정한 인간이 되는 것이다. 이처럼 할 때 인간은 정신적이고 선한 일에 봉사하게 된다. 그런데도 이런 일들이 실제로 많이 실현되지 못하고 있는 것은 사람들이 그 기회를 소홀히 하기 때문이다. 어떠한 환경에 처하더라도 모두가 인간을 진정한 인간성으로 대하려고 노력하는 것, 바로 여기에 인류의 장래가 달려 있다.

우리의 인간성이란, 사람들이 어리석게 떠드는 것처럼 그렇게 물질적인 것은 아니다. 나는 인간의 마음속에는 표면에 나타나는 것보다는 훨씬 더 많은 이상적인 의욕이 있다고 확신한다. 땅속을 흘러가는 물이 눈에 보이는 흐름보다 많은 것처럼, 인간의 마음속에 갇혀 있거나 간신히 해방된 이상적인 의욕은 세상에 나타나 보이는 것보다 훨씬 더 많은 것이다.

이처럼 인간의 마음속에 갇혀 있는 이상적인 의욕을 해방하는 일, 땅속 깊이 있는 물을 표면으로 끌어내는 일, 이 일을 해낼 수 있는 사람을 인류는 갈망하고 있다.

알베르트 슈바이처(Albert Schweitzer, 1875~1965)
독일의 의사, 신학자, 철학자, 오르간 연주자. 의학박사가 되어 간호사 훈련을 받은 아내 헬레네 브레슬라우와 함께 아프리카의 가봉에 있는 랑바레네로 가서 평생을 봉사한 성자. 노벨평화상을 받아 상금을 모두 병원을 위해 사용함.

• 슈바이처는 우리 모두 서로의 인격을 존중하고 진정한 인간성으로 사람을 대하려고 노력해야 한다고 주장하고 있다. 슈바이처의 생애에 비추어 이와 같은 주장을 어떻게 생각하는가?

◉ 나에 대한 자긍심을 가지고 타인의 개성과 다양성을 인정하며 배려하는 마음이다

◉ 인권은 인간으로서 마땅히 누리고 보장받아야 하는 기본적 권리이다.

◉ 자기 존중은 자신을 있는 그대로 받아들이고 소중하게 여기는 것이다.

◉ 자신을 소중하게 여길 때, 타인도 소중한 존재라는 것을 깨닫게 된다.

◉ 타인 존중은 다른 사람의 개성, 습관, 생각, 가치관, 감정 등을 이해하고 받아들이는 것이다.

◉ 상대방을 존중하면 상대방도 나를 존중한다.

◉ 상호 존중의 전제는 서로 다름을 인정하는 것이다.

◉ 자긍심은 자신의 좋은 점들을 긍정하고 자랑스럽고 귀하게 여기는 것이다.

◉ 자긍심을 가져야 앞으로 나아가면서 발전한다.

◉ 진정한 자긍심을 가지기 위해서는 자신을 객관적으로 바라보고 끊임없이 자기 계발을 해야 한다.

◉ 존중은 인간관계의 바탕이며 출발점이다.

◉ 인간관계를 원숙하게 하는 길은 상호 존중이다.

◉ 인간관계가 삶의 방향과 인생을 결정할 수 있다.

◉ 어떤 사람과의 인간관계를 맺는 것은 중요하다.

확인하기

1 인권 실현을 위한 노력을 개인적·사회적·국가적 차원에서 서술 하시오.

 – 개인적 차원 :

 – 사회적 차원 :

 – 국가적 차원 :

2 나를 존중하기 위해서 어떤 마음과 태도를 가져야 할까요?.

3 나를 소중히 여길 때 떠오르는 생각이나 느낌은 어떤 것인가요?

4 내가 실천할 수 있는 타인 존중의 구체적 방법을 세 가지 이상 적어 보세요.

5 인간관계에 있어서 친구의 중요성에 대해 서술하시오.

6 배려

- 배려의 의미와 실천 방법을 인식할 수 있다.
- 배려의 실천 과제로 이타심 발휘, 친절, 용서에 대해 이해할 수 있다.

1 배려란 무엇인가

배려는 인간만이 나누는 미덕

- 참으로 인간적인 몸짓으로서 약육강식의 세계인 동물들 간에는 배려가 없다.
- 의무는 아니지만, 의무감보다 한 단계 높은 마음 씀씀이다.
- 다른 사람을 위해 손을 내미는 것이며 나를 향한 다른 사람의 따스함을 아는 것이다.
- 배려의 따스함을 나누면서 세상을 살맛나게 한다.
- 배려하는 사람은 아름다우며 그 마음은 즐거움의 원천이다.

배려와 인간관계

- 배려는 인간관계의 윤활유로, 사람의 마음을 열게 하는 열쇠다. 상대방을 배려하면 상대방이 좋은 감정을 갖게 되어 좋은 인간관계가 형성된다. 상호 배려하면 더욱더 인간관계가 견고해진다.
- 사소한 배려라도 상대방에게 감동을 줄 수 있다. 사람은 원래 조그마한 것에 감동하게 마련이다. 사소한 배려에 호의를 갖고 좋은 인간관계를 형성하게 된다.

상대방의 입장이나 형편을 헤아리는 행동

🎬 슈바이처와 헬레네

• 슈바이처의 결심에 따른 헬레네의 행동을 배려의 관점에서 어떻게 보아야 할까?

슈바이처는 유복한 환경에서 자라면서 항상 동정심이 가득하여 어려운 사람을 보면 베푸는 선한 심성을 가지고 있었다. 그가 청소년 시절 의사가 없어 고통을 받는 아프리카 사람들의 실상을 알고 '의사가 되어 평생 그들을 위해 봉사하겠다'는 결심을 하고 의과 대학에 입학했다.

의사가 된 그는 헬레네라는 여인과 사랑에 빠졌다. 주변에서는 그가 사랑하는 여인 때문에 아프리카로 가는 것을 포기할 것으로 생각했다. 슈바이처는 그녀와의 사랑을 심각하게 고민하다가 그녀에게 "나는 아프리카로 떠날 사람이오"라고 결연하게 뜻을 밝혔다.

헬레네는 고뇌어린 슈바이처를 쳐다보며 "제가 간호사가 되어 함께 아프리카로 가서 봉사하면 되잖아요"라고 대답했다.

헬레네는 간호학을 공부하여 간호사가 되었고 슈바이처와 결혼 후 아프리카로 떠나 평생 헌신적인 봉사를 하며 살았다.

● 상대방의 처지와 마음을 헤아려주는 것, 상대방을 자신에게 맞추려 하기보다 상대방을 인정하고 상대방에게 자신을 맞추는 것은 진실한 사랑에서 우러난 따뜻한 배려이다.

● 인생에서 자신이 할 수 있는 재능을 베풀며 사는 것은 의미 있는 삶이다. 마음에서 우러난 봉사를 실천하는 것은 커다란 배려이며 이타심의 발휘이다.

양보는 높은 마음 씀씀이

🎬 영국 속담

> 양보가 때로는 성공의 가장 좋은 방법이 되기도 한다.

🎬 아름다운 양보 이야기

• 기권을 하여 출전권을 양보한 선수의 행동에 대해 어떻게 생각하는가?

2000년 시드니 올림픽에 출전할 미국 태권도 선수 선발 결승전에 두 여자 선수가 맞붙었다. 경기가 시작되자마자 한 선수가 기권을 했고 자동 출전권을 획득한 선수가 기권한 선수를 부둥켜안고 눈물을 흘렸다.

출전권을 획득한 선수는 준결승전에서 심하게 다쳤으므로 결승전에 진출하기는 했지만 제대로 경기를 할 수 없는 상황이었다. 그 상태에서 기권 의사를 밝힌 선수가 출전권을 획득하는 것은 명약관화 했지만, 심하게 다친 상대 선수에게 출전권을 양보한 것이다.

기자들이 기권한 선수에게 올림픽 출전권을 포기한 이유를 묻자 "나보다 실력이 한 수 위에 있는 선수입니다. 나는 올림픽에 출전할 적임자에게 기회를 주었을 뿐입니다"라고 대답했다. 두 선수는 모두 승자가 되었다.

• 이겨야만 하는 치열한 경쟁이 펼쳐지는 현실에서 쉽게 볼 수 없는 감동적인 일화이다.

• 아름다운 양보의 배려를 베푸는 사람이 많아지면 더욱 아름다운 세상이 될 것이다.

불편이나 희생을 감수하는 행동

📽 엉뚱한 메뉴

• 손님들은 주문한 메뉴와 다른 음식이 나와도 왜 이를 받아들일까?

라면을 시켰는데 우동이 나왔고 햄버거를 시켰는데 만두가 나오는 등 음식 주문마다 다른 음식이 나오기 일쑤이다. 하지만 엉뚱한 메뉴를 가져다줘도 얼굴을 찡그리거나 항의하거나 화내는 손님은 한 명도 없다. 주문 실수가 넘치는 이 식당에 항상 손님이 북적거린다.

이 식당에는 특별한 이해와 배려가 가득한 곳인데 아르바이트생들은 모두 치매에 걸린 할머니들이다. 할머니들은 최선을 다해 일하지만 실수 연발인데도 웃음을 잃지 않는다. 이해와 배려로 많은 자원봉사자들과 함께 운영되고 있는 이 식당은 치매 환자들도 사회구성원이라는 소속감을 심어주고자 하는 공동체 의식이 넘쳐난다.

조금 실수하고, 조금 느리고, 조금 서툴러도 괜찮다. 이분들은 다들 어린 시절, 우리의 모든 실수를 보듬고 길러주신 우리 어머니와 같은 분이기 때문이다.

● 세상에 허물이 없는 완벽한 사람은 없으며 누구나 아픔을 겪을 수 있다. 그러므로 약점이나 아픔을 보았을 때 외면할 것이 아니라 배려하는 마음을 발휘하여 감싸주는 것이 더불어 사는 공동체를 만드는 것이다.

● 언젠가 자신도 그와 같은 일을 겪을 경우에 배려를 받을 수 있다.

● 한 사람의 배려가 또 다른 사람의 배려로 계속 이어지면서 공동체 전체로 퍼져나가는 것이다.

자기 배려

● 자기 배려는 자신을 인격적인 존재로 받아들이는 올바른 인식
  에서 비롯된다. 자신에 대한 긍지와 자신을 귀하게 여기는 마
  음이 있어야 한다.

● 자기 배려는 자신을 있는 그대로 받아들이는 자기 수용에서
  시작된다. 좋은 면은 좋은 면대로, 부족한 부분은 부족한대로
  인정하고 받아들여야 한다.

● 긍정적이고 열린 마음으로 자신의 잘못을 받아들이고 고치도
  록 해야 한다. 그렇지 않으면 타인에 대하여 너그러워질 수 없
  으며 배려심을 발휘할 수가 없다. 타인에 대한 배려는 자기 배
  려가 선행되어야 가능하다.

2 | 이타심은 커다란 배려

고흐 〈착한 사마리아인〉

타인을 신뢰하고 배려하고 베푸는 이타심

● 사람은 누구나 남을 돕고 기쁘게 하고 싶은 마음을 가지고 있다.

● 이타심 발휘를 통해 힘들어 쓰러진 사람을 바로 세울 수 있다.

● 더불어 사는 공동체 유지를 위해 발휘되어야 할 덕목이다.

● 주는 것은 받는 것 보다 더 즐거운 일이다.

● 참된 마음으로 줄 때 기쁨이 쌓이면서 행복해진다.

● 상호 이타심 발휘를 통해 행복한 삶을 영위하게 된다.

이타심은 자신을 성장시키는 원동력

🎬 백만장자 록펠러의 인생

• 록펠러의 기부 행위에 대하여 어떻게 생각하는가?

존 데이비슨 록펠러
(John Davison
Rockefeller,
1839~1937)
미국의 석유사업가. 자선
사업가. 스탠더드석유를
설립하여 미국 내 정유소
의 95%를 지배하면서 세
계 최대의 부자가 되었음.

록펠러의 유년시절은 가난했지만 열심히 노력하여 33세에 백만장자가 되었고, 43세에 미국의 최대 부자가 되었으며, 53세에 세계 최대 부자가 되었다. 그 후 55세에 불치병에 걸려 주치의는 남은 수명이 1년밖에 되지 않는다고 했다.

그는 절망적인 마음으로 병원에서 지내던 중에 병원 로비에 걸려있는 액자의 글이 눈에 띄었다.

「주는 자가 받는 자 보다 복이 있다」

그 글을 보는 순간 몸에 전율이 일어났다. 눈을 지그시 감고 자기가 살아온 삶에 대하여 깊은 생각에 잠겼다.

"나는 지금까지 벌기만 했지 남에게 줄 줄을 몰랐구나."

그때 시끄러운 소리가 들려 생각을 멈추고 살펴보니 한 어머니가 입원비가 없는데도 딸을 입원시켜달라고 울면서 사정하고 병원 근무자는 입원비를 미리 예치하지 않으면 입원할 수 없다고 말하는 상황이었다.

록펠러는 바로 비서를 시켜 입원비를 충분히 지불하게 하고 누가 했는지 모르게 했다. 얼마 후 은밀히 도운 소녀가 완쾌하여 퇴원하는 모습을 지켜본 록펠러는 무척 기뻐하면서 행복감에 젖었다.

그후 록펠러는 본격적으로 베푸는 삶을 실천하면서 기적적으로 병이 완쾌되어 98세까지 살면서 베푸는 일에 헌신하였다. 그는 죽음을 앞두고 말했다.

"나는 인생을 살면서 나누는 삶이 이렇게 행복한 삶인지 몰랐습니다. 인생 전반기 55년은 돈을 버느라 쫓기면서 불행하게 살았지만, 후반기 43년은 나누면서 행복하게 살았습니다."

- 남을 돕는 과정에서 일어나는 긍정적인 몸과 마음의 변화를 '헬퍼스 하이 (Helper's high)'라고 한다. 남을 도우면 기분이 좋아지고 긍정 에너지가 높아져 타인과의 관계까지 원만해지고, 다시 '헬퍼스 하이'를 경험하기 위해 남을 돕는 행위를 반복하게 된다.

- 남을 돕는 일이 기분을 좋게 하고 스트레스를 줄여주고 면역력을 키워 생활의 만족도를 높인다.

- 이타심 발휘는 자신을 희생하는 것이 아니라 자신을 위한 것이다. 왜냐하면, 남에게 베풀면 남의 행복에 도움이 되지만 자신도 더 큰 행복을 느끼기 때문이다.

3 친절한 배려

🎬 ≪탈무드≫ 중에서

> 만약 친절한 마음을 가질 수 없다면 아무것도 배울 수 없는 것과 같다. 아무리 많은 졸업증서를 갖고 있어도 무학이나 다름없다. 인간은 그 지혜에 의해 존경받고 친절함에 의해 사랑받는다. 친절한 마음은 황금보다 존귀하다.

≪탈무드≫ 초판본의
첫 페이지

≪탈무드≫
BC 300년경 로마군에 의해 예루살렘이 함락된 이후부터 5세기까지 약 800년간 구전되어 온 유대인들의 종교적, 도덕적, 법률적 생활에 관한 교훈을 집대성한 책.

친절은 자신의 기쁨

● 친절한 말을 하거나 불친절한 말을 하거나 드는 힘은 같다. 다른 사람에게 친절함으로써 그 사람에게 준 유쾌함은 자신에게 돌아오며 때로는 이자를 가져오기도 한다.

● 친절은 친절을 불러일으키고 행복이 증대된다. 친절함이 자신의 마음에 평온함을 유지하는 길이다. 친절은 얽힌 것을 풀어내고 즐거움으로 바꾸어 세상을 아름답게 만든다.

● 진실로 친절한 사람은 확고한 신념을 가진 사람이다. 힘없는 사람, 용기 없는 사람은 친절을 가장할 뿐이다. 마음을 다한 친절은 드물다. 보통 친절한 사람은 건성으로 친절하거나 마음이 약한 사람이다. 진심을 다해 친절해야 한다.

🎬 친절이 가져다 준 행운

• 세심한 친절이 나중에 어떤 결과를 가져왔는가?

> 폭우가 쏟아지던 어느 날 밤, 필라델피아에서 노부부가 차를 몰고 여기저기 호텔 객실을 찾았지만 구하지 못한 채 허름하고 작은 호텔

을 찾아갔다. 직원에게 "예약을 못 했는데 방이 있습니까"라고 묻자 "이 호텔에는 빈방이 없습니다"라고 하면서 주변의 여러 호텔에도 수소문 해 주었다. 하지만 도시에 큰 행사가 있어서 어느 곳 하나 빈방이 없었다. 직원은 "빈 객실이 없어 죄송합니다. 하지만 비가 쏟아지고 밤도 늦었으니 괜찮으시다면 제 방을 내어 드리겠습니다"라고 말했다. 노부부는 직원의 방에서 하룻밤을 묵고 다음날 호텔을 나서며 돈을 건넸으나 직원은 자신의 방은 객실이 아니므로 받을 수 없다며 극구 사양했다.

그후 2년이 지난 어느 날, 여전히 그 호텔에서 성실하게 일하고 있던 직원에게 초대장과 뉴욕 행 항공권이 전달되었다. 자신의 방에서 묵었던 노부부에게서 온 것이었다. 휴가를 내어 초대에 응했던 그에게

노신사는 신축한 최고급 호텔을 가리키며 "이 호텔을 경영해 주세요"라고 말했다.

당시 세계 최대 규모의 호텔로 알려진 〈월도프 아스토리아 호텔〉의 초대 경영자로 세계 굴지의 호텔 체인을 이룩한 조지 볼트의 일화이다.

- 삶의 질을 결정하는 데 가장 큰 영향을 미치는 것은 인간관계이다. 소중한 인연은 의도적인 노력을 통해 찾아온다. 적극적인 친절한 행동으로 행복한 인생을 열어주는 동반자를 얻게 된 것이다.

- 작은 일이라도 최선을 다할 때 행운의 여신은 언젠가 미소를 보낸다. 자신의 자리에서 최선을 다하고, 작은 친절이라도 진심을 다해 베푼다면, 그 보답은 어떤 형태로든 자신을 찾아오기 마련이다.

4 용서는 타인과 자신에게 베푸는 배려

누구나 잘못을 저지름

🎬 두 여인

- 지혜로운 노인은 왜 두 여인에게 각각 큰 돌 한 개와 작은 돌 열 개를 주워오라고 했을까?

> 두 여인이 가르침을 얻기 위해 지혜로운 노인을 찾아갔다. 한 여인은 한동안 남편을 홀대한 것을 뉘우치면서 용서받을 방법을 물었다. 다른 한 여인은 남편에게 잘못한 것이 별로 없다고 했다. 노인은 두 여인의 이야기를 듣고 난 뒤에 잘못을 뉘우친 여인에게 밖으로 나가서 아주 큰 돌을 한 개만 주워오라고 했다. 다른 여인에게는 작은 돌 열 개를 주워오라고 했다. 두 여인은 노인이 시키는 대로 돌을 주워왔다. 그러자 이번에는 노인이 두 여인에게 가지고 왔던 돌을 처음 있었던 제자리에 다시 갖다 놓고 오라고 했다.
>
> 큰 돌 한 개를 주워온 여인은 돌을 들고 오기는 어려웠지만, 돌이 있던 곳을 쉽게 기억해낼 수 있었지만 작은 돌 열 개를 가지고 온 여인은 돌이 있던 자리를 기억해 내지 못해서 제자리에 갖다 놓을 수가 없었다.
>
> 그러자 노인이 두 여인에게 말했다. "큰 잘못을 저지른 사람은 지은 잘못을 잊지 않고 기억하면서 어떻게 하면 용서를 받을 수 있는지 노심초사하지만 작은 잘못을 여러 번 지은 사람은 잘못을 기억하지 못하거나 의식하지 않은 채 그럭저럭 살아가는 것이지요."

- 사람은 누구나 용서할 일도 생기고, 용서받을 일도 생긴다.
- 잘못을 저질렀을 때는 용서를 구하는 용기를 가져야 한다.
- 큰 잘못은 큰 용서를 구해 참회하고 작은 잘못은 작은 용서를 구해 참회해야 한다.

용서는 자신을 해방시키는 행위

- 나에게 상처를 준 사람에 대한 복수심과 분노를 끊어버리는 것이다.
- 다른 사람이 준 상처는 아픈 가시나 못과 같아서 목에 걸려 숨이 막히게 하고, 가슴에 박혀 주저앉게 만든다.
- 남이 박아놓아 상처를 입힌 못을 내가 스스로 뽑아내는 것이 용서이다.

 실천하기

- 상대방을 배려하는 행동을 한다.
- 가족이나 친구를 위해 좋은 일을 실천한다.
- 어떤 대접을 받았을 때 기뻤는지를 떠올리고 실천한다.
- 항상 상대방을 친절하게 대한다.
- 공손한 말씨와 행동을 한다.
- 나는 남을 도울 수 있는 사람임을 인식한다.
- 곤란에 처한 사람을 능력껏 도와준다.
- 나에게 잘못을 저지른 사람을 용서하기 위해 노력한다.
- 원망할 만한 일에 관용을 베푼다.

 토론하기

- 가족과 친구에게 배려가 필요한 상황은 어떤 것이 있을까?

시

아름다움의 비결

아래 시는 오드리 햅번이 대장암으로 임종 1개월 전, 크리스마스 이브에 두 아들에게 읽어 준 샘 레븐슨(Sam Levenson)의 〈아름다움의 비결〉이라는 시이다.

> 아름다운 입술을 가지고 싶다면 친절하게 말하세요
> 사랑스러운 눈을 가지고 싶다면 사람들의 좋은 점을 보도록 하세요
> 날씬한 몸매를 가지고 싶다면 배고픈 사람과 음식을 나누세요
> 아름다운 머릿결을 가지고 싶다면 아이에게 그 머릿결을 어루만지게 하세요
> 균형 있게 걷고 싶다면 당신이 결코 혼자 걷는 것이 아님을 명심하세요
>
> 사람도 새로워져야 하고 발견해야 하며 활기를 불어넣어야 합니다
> 어떤 사람도 무시되어서는 안 됩니다
> 도움의 손길이 필요할 때 팔 끝에 손을 갖고 있음을 기억하세요
> 나이를 먹으면서 알게 될 것입니다
> 한 손은 당신 자신을 위해 다른 한 손은 다른 사람을 돕기 위해 있음을

오드리 햅번(Audrey Hepburn, 1929~1993)
20세기 가장 아름다운 배우로 〈로마의 휴일〉 〈티파니에서 아침을〉 〈사브리나〉 등 수많은 영화에 출연한 명배우. 1988년 배우 은퇴 후 유니세프 친선대사로 활동하면서 전 세계의 굶주리고 고통 받는 어린이를 위해 사랑을 실천했음.

• 위 시를 읽고 진정으로 아름답고 가치 있는 삶은 무엇이라고 생각하는가?

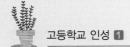

정리하기

◉ 배려는 인간만이 나누는 미덕이다.

◉ 배려하는 마음을 발휘하는 것이 더불어 사는 공동체를 만드는 것이다.

◉ 배려하면 인간관계가 좋아진다.

◉ 배려할 때 상대방의 입장이나 형편을 헤아려 행동해야 한다.

◉ 사소한 배려라도 상대방에게 감동을 줄 수 있다.

◉ 자기 배려는 자신에 대한 긍지와 자신을 귀하게 여기는 마음이다.

◉ 양보는 높은 마음 씀씀이다.

◉ 이타심은 커다란 배려이다.

◉ 이타심을 발휘하는 것은 결국 자신을 성장시키고 발전시키는 원동력이다.

◉ 남을 돕는 과정에서 일어나는 긍정적인 몸과 마음의 변화를 '헬퍼스 하이 (Helper's high)'라고 한다.

◉ 이타심 발휘는 자신을 희생하는 것이 아니라 자신을 위한 것이다.

◉ 베푸는 친절에 비례하여 자신의 기쁨이 쌓인다.

◉ 작은 친절이라도 진심을 다해 베풀면 어떤 형태로든 되돌아온다.

◉ 용서는 타인과 자신에게 베푸는 배려이다.

◉ 잘못을 저질렀을 때는 용서를 구하는 용기를 가져야 한다.

◉ 용서는 자신을 해방시키는 행위이다.

확인하기

1 다음 중에서 설명이 틀린 것은 무엇인가요?

① 약육강식의 동물들에게는 배려가 없다.

② 배려는 의무이므로 반드시 지켜야 한다.

③ 더불어 사는 공동체 유지를 위해 이타심이 발휘되어야 한다.

④ 잘못을 저질렀을 때는 용서를 구하는 용기를 가져야 한다.

2 문장을 읽고 O·X를 표시 하세요.

남이 박아놓아 상처를 입힌 못을 남이 뽑아내는 것이 용서이다. (   )

3 빈칸에 적절한 단어를 기입하세요.

남을 돕는 과정에서 일어나는 긍정적인 몸과 마음의 변화를 (   )라고 한다.

4 어떤 상황을 설정하고 그 상황에서 배려를 실천하지 않는 사람에게 해 주고 싶은 말을 적어 보세요.

5 내가 할 수 있는 봉사 활동은 무엇이 있나요?

7 소통

📑 **학습목표**
- 소통의 의미와 본질을 설명하고 소통하는 방법과 실천과제를 열거할 수 있다.
- 공감의 의미와 공감대 형성의 중요성을 설명하고 방법과 실천과제를 열거할 수 있다.
- 갈등에 대한 시각과 관리 방법을 설명하고 구체적 실천과제를 열거할 수 있다.

1 삶과 소통

모든 관계는 소통으로 이루어짐

≪어린 왕자≫

- 현대 사회에서 소통이 없는 생활은 상상조차 할 수 없다. 소통이 없는 삶은 인간의 삶이 아니다. 개인, 가족, 학교, 직장, 사회 등에서 소통 부재로 인한 불협화음은 개인과 공동체 유지와 발전에 중대한 장애 요소다.
- 소통은 말을 유창하게 하거나 자신의 의사를 정확하게 전달하는 것만이 아니라 상대방의 의사를 경청하고 진의를 파악하여 서로 공감하는 것이다.

소통에 문제가 생기는 이유

생텍쥐페리

🎬 생텍쥐페리 ≪어린 왕자≫ 중에서

> 세상에서 가장 어려운 일은 사람이 사람의 마음을 얻는 일이란다. 각자의 얼굴만큼 다양한 각양각색의 마음에서 순간순간에도 수만 가지의 생각이 떠오르는데 그 바람 같은 마음을 머물게 한다는 건 정말 어려운 거란다.

- 인간은 성격과 말하는 방법, 행동이 서로 다르므로 소통에 문제가 생긴다.
- 서로 마음이 통하기는 쉬운 일이 아니다.
- 소통 능력을 키우기 위한 전제는 상대방이 나의 사고방식과 사용하는 말의 뜻이 다를 수 있다는 점을 인정해야 한다.

2 소통의 본질

소통의 본질과 관건

- 설득이 아니라 공감에 있다.
- 열린 마음으로 상대방의 입장에서 사안을 바라보고 상대방의 생각을 이해하는 데서 출발해야 한다.
- 먼저 사안에 대한 인식과 관점이 공유되어야 한다. 그러려면 자기 생각과 다른, 때로는 반대되는 생각을 들어야 폭넓게 소통할 수 있다. 이와 달리 자기만의 생각을 고집하고 상대방의 말을 듣지 않는다면 편협할 수밖에 없어 공감을 불러일으킬 수 없다.

상대방에 대한 존중과 이해

- 소통에서 범할 수 있는 최대 실수는 자신의 견해와 감정 표현에 최우선 순위를 두는 것이다.
- 자기 생각과 감정을 표현하려고 하거나 자신의 논리를 전달하기에 앞서 상대방의 의견을 들어주고 이해하고 존중해주어야 한다.

3 소통하는 방법

말

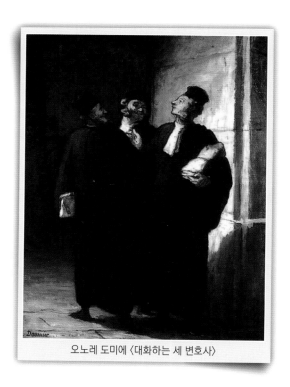

오노레 도미에 〈대화하는 세 변호사〉

- 진실성과 진정성을 가지고 마음에 와 닿는 말을 한다.
- 감정이나 체면을 경계하면서 정직하고 솔직하게 한다.
- 단순하고 이해하기 쉽게 논리적으로 정확한 발음으로 말한다.
- 때로는 논리보다는 감성에 호소한다.
- 하나를 말하고 둘을 듣고 셋을 맞장구치는 '1:2:3 화법을 구사한다.
- 정곡을 찌르는 촌철살인의 언어를 구사한다.
- 평소에 다양한 경험과 독서를 통한 식견과 포용력을 길러야한다.

경청

- 공감은 일방적이 아니라 쌍방향이어야 한다. 자신의 이야기를 하기보다는 열린 마음으로 상대방이 말하는 것을 경청해야 한다. '총명(聰明)하다'는 말에서 총은 '귀 밝은 총' 자이다. 즉 똑똑하고 현명하다는 것은 자신의 말과 의견을 내세우기 전에, 남의 얘기를 잘 들을 줄 알아야 한다는 것을 의미한다.

- '이청득심(以聽得心)'은 '귀 기울여 듣는 것이 마음을 얻는 지혜' 라는 뜻이다.

- 경청은 상대방에 대한 존중의 표시이다. 경청할 때는 상대방의 눈을 바라본다.

- 상대방에 대한 반응의 표시로 맞장구를 치거나 질문하면서 듣는다. 맞장구는 대화의 하이파이브로 상대방의 말에 귀를 기울이면서 동조함을 나타내어 깊은 유대감과 공감을 형성한다. 맞장구도 상황에 맞게 해야 하며 과장하거나 건성이 아니라 진심을 담아야 한다.

글

- 정보통신기술 발달로 만나지 않고 글로 의사를 주고받는 일이 훨씬 많아졌다. 얼굴을 보면서 소통을 할 때는 말하는 사람의 감정이나 심리 상태를 파악할 수 있으나 글을 통해 전달하면 온전히 의사를 표현하기 어렵다. 상대는 글만 보고 자기 방식으로 해석하기 때문에 오해와 갈등이 생겨날 수 있다. 인터넷상에서의 간략하게 줄인 글은 때로는 완벽한 소통에 방해가 되기도 한다.

- 기분을 표현하거나 분위기 전환을 위해 간략하게 쓰여야 할 이모티콘을 과도하게 사용하는 것은 오히려 소통을 방해하는 요

인이 되기도 한다.

● 구체적인 단어와 문장으로 명확하게 표현한다.

칭찬

● 누구나 칭찬 듣고 인정받기를 원한다. 칭찬은 상대방에 대한 관심과 관찰에서 비롯된다. 칭찬은 상대방의 마음을 여는 큰 힘이다.

● 상대방이 듣고 싶어 하는 부분에 대해 구체적으로 적절하게 칭찬한다.

유머

처칠의 유머

• 처칠이 던진 유머 내용은 무엇일까?

> 처칠은 의회에서 자신이 저지른 실수에 대해 반복하지 않을 수 있느냐는 질문을 받자 이렇게 대답했다. "그때의 실수는 다시 저지르지 않을 것이 확실합니다. 다른 실수를 저질러야 하니까요."
>
> 제2차 세계 대전 초기에 처칠이 미국의 루스벨트 대통령과 회담을 하려고 한 호텔에 머물렀다. 욕실에서 목욕한 뒤 허리에 수건을 두르고 있었는데 마침 루스벨트 대통령이 정장을 하고 나타났다. 그때 처칠의 허리에 감고 있던 수건이 스르르 흘러내렸다. 처칠은 루스벨트를 향해 양팔을 넓게 벌리며 말했다. "보시다시피 영국은 미국과 미국 대통령에게 아무것도 감추는 것이 없습니다. 걱정하지 마세요."

윈스턴 처칠(Winston Churchill, 1874~1965) 영국의 제42대(1940~45), 44대(1951~ 55) 총리.

● 유머는 분위기를 유쾌하게 만들어 소통을 원활하게 한다. 유머는 원활한 대화와 좋은 인상을 남길 수 있게 함으로써 긍정의 에너지를 발산하면서 감정의 거리를 좁혀준다.

- 유머 감각이 있는 사람은 유머를 발휘하여 자신을 주목하게 하고 온화한 느낌을 주면서 사랑받는다. 유머 감각은 조금만 다르게 보고, 관심을 기울이며 노력하면 가질 수 있는 재능이다.
- 적절한 유머를 발휘하여 분위기를 좋게 하고 상대방을 즐겁게 한다.
- 유머는 대화에 도움을 주는 정도가 되어야 하므로, 본질에 벗어나지 않도록 유의하여야 한다.

비언어적 표현 : 눈 마주침, 몸짓

- 상호 공감을 통한 눈 마주침이나 몸짓이 상대방의 마음을 움직이고 자극한다.
- 눈 마주침은 서로의 감정 상태를 알 수 있고 집중할 수 있다.
- 적절한 스킨십은 상대방의 감정이나 상황을 존중한다는 것을 보여준다.
- 따뜻한 손길, 친절한 다독임, 가벼운 포옹 등은 말로 보여줄 수 없는 진정한 감정을 전달할 수 있다.

4 공감의 의미

감정적 연결고리

- 인간은 적대적 경쟁보다는 유대감을 고차원적 욕구로 지향한다.
- 공감은 다른 사람과 의견, 감정, 생각, 처지에 대하여 동질감을 느끼는 것으로 마음과 마음이 서로 통한 상태이다.

- 같이 느끼는 것만이 아니라 상대방의 느낌까지도 알아차리는 것이다. 상대방의 느낌을 그대로 인정해 주면서 나의 것으로 받아들이는 것이다.

마음에서의 동조

- 공감대를 높이려면 상대방의 심정과 감정을 진심으로 이해하고, 필요를 파악하는 능력, 즉 '마음의 시력'을 가져야 한다.
- 이해의 바탕 위에서 진실한 마음으로 대해야 친근감을 느끼면서 동조가 일어난다.

공동체에서 함께 하는 근간

 위르겐 하버마스 어록

> 의사소통이 가능한 공동체를 이루기 위해서는 구성원들이 자신의 견해를 발언할 수 있는 자유를 가지고 있어야 하며, 다른 사람의 의견에 공감하여 자신의 관점을 극복할 가능성도 함께 가지고 있어야 한다. 이것이 각 개인이 서로의 논변을 이해하고 담론 과정을 거쳐 여러 사람이 공감하는 '보편적 동의'에 이르는 과정이다.

위르겐 하버마스
(Jürgen Habermas,
1929~)
독일의 철학자이자 사회학자. 소통 행위의 이론 주창.

- 서로 간의 공감이 공감을 낳고 이해와 사랑의 파동을 일으킨다. 공감 없는 인간관계는 모래성과 같아서 언제 무너질지 모른다.
- 공감하기 위해서는 마음의 문을 열고 가까이 다가가야 하고, 귀 기울여야 하고, 따뜻한 시선으로 집중해서 바라보아야 한다. 이것이 공감의 시작이다.

5 공감대 형성

공감을 하기 위한 공감대 형성

- 공감대 형성이란 두 사람 사이나 집단 간에 상호 신뢰를 나타내는 심리이다. 이것은 서로 마음이 통하고, 무슨 말이라도 털어놓고 말할 수 있고, 말하는 것이 충분히 이해가 되는 관계로 느껴지는 상태를 말한다.
- 모든 관계에서 가장 중요한 것 중의 하나가 공감대 형성이다. 선생님과 학생과의 관계, 경영자와 근로자와의 관계, 위정자와 국민과의 관계는 공감대를 얼마나 잘 형성하는가에 성패가 달려있다고 해도 과언이 아니다. 선생님이나 경영자나 위정자가 아무리 설득해도 공감하지 못하면 아무 소용이 없다. 서로 간에 공감대가 형성되어야 제대로 된 관계를 맺으면서 진정한 의사소통이 이루어진다.

좋은 인간관계를 위한 공감대 형성

- 서로의 위치나 입장이나 처지, 취미, 대화에서 공감대가 형성되기 때문에 관계가 이루어지고 유지되고 발전한다.
- 공감대 형성은 미리 마련된 계획에 따라 이루어지는 것이 아니며 논리적인 접근에 의존하기도 어렵다. 쌍방이 모두 성실하고 존중하는 분위기에서 이루어지며 자비심, 인내심, 신념까지도 공유해야 하는 쉽지 않은 과정이다.

6 공감대를 형성하는 방법

상대방에 대한 이해

- 상대방에 관심을 가지고 어떤 사람인지, 어떤 상황에 놓여 있는지, 무슨 생각을 하고 있는지, 무엇을 원하는지, 어떤 가치관을 가지고 있는지, 문화나 취미가 무엇인지, 어떤 습관을 지니고 있는지를 알아야 한다. 그러기 위해서는 상대방의 말을 경청하고 질문해야 한다.

- 다음으로는 서로 믿어야 한다. 서로를 믿지 못하는 상태에서는 공감대가 형성될 수 없다. 신뢰는 상대방에 비치는 나의 삶의 태도, 말이나 행동, 마음씨가 결정한다. 나 스스로 약속을 지키고 공정하고 따뜻한 행동으로 믿을만해야 공감대가 형성되는 것이다.

상호 솔직함

- 서로가 상대방에 대해 솔직하지 않다고 느끼는 상황에서는 공감대가 형성되지 않으므로 솔직하게 대화해야 한다. 먼저 상대방의 의견을 경청하고 진정한 의도를 분명하게 인지해야 한다.

- 그런 다음에 자신의 의견을 숨기지 말고 구체적으로 말하고 이해했는지를 확인한다. 이렇게 자신이 마음의 문을 열면 상대방도 마음의 문을 열어 공감대가 형성되는 것이다.

태도가 결정적인 영향

- 겸손한 자세로 상대방의 입장이 되어 정서를 이해하고 문화나 취미에 대해 배려하면 금방 공감대가 형성되기도 한다. 상대방에 대하여 진정으로 관심이 있다는 사실을 깨닫게 해주면서

감동을 주기 때문이다.

● 누군가와 공감하려면 먼저 그의 진실한 친구라는 것을 느끼게
해야 한다. 그래야 사람의 마음을 사로잡을 수 있다.

7 소통과 공감으로 갈등 해결

삶과 갈등

● 갈등은 삶을 영위하면서 있기 마련인 보편적인 상황이다.

● 인간은 여러 종류의 갈등에 직면하면서 살아간다.

● 현대 사회는 다양한 가치관이 공존하고 서로 다른 이해관
계가 충돌하므로 많은 갈등이 생긴다.

● 갈등이 표면화되면 심리적인 타격을 받아 하고 있는 일의
효율성이 떨어진다.

● 갈등 요인을 사전에 감지하여 소모적인 요소를 감소시키도록
노력을 해야 한다.

긍정적인 시각으로 갈등관리

● 갈등은 변화와 성장을 자극한다. 갈등이 생기면 대결과 경쟁이
생기고 이를 이겨나가기 위해 스스로 변화하면서 성장의 동력
이 생긴다. 갈등을 해결하기 위해 변화해야 하고 갈등관리를
통해 원만하게 해결하는 과정에서 성장을 가져온다.

● 갈등에 직면하면 지나치게 스트레스를 받기보다는 자신의 발
전을 위한 계기로 삼아야 한다.

● 갈등을 해결하려면 현재 닥친 문제를 새로운 시각으로 보아야
하고 해결을 위해서 고민하고 학습하는 과정에서 자신의 능력
도 신장시킬 수 있다.

갈등관리는 수양하는 과정

갈등을 해결하는 과정에서 여러 감정이 교차하기 마련이다. 분노와 원망과 미움의 감정이 생기지만 감정을 잘 조절해야 문제가 해결될 수 있으므로 마음을 잘 다스려야 한다.

8 갈등관리 방법

갈등관리의 결과

- 갈등관리를 제대로 하지 못하면 불화와 반목을 불러와 정체와 후퇴를 가져온다.
- 갈등관리를 잘하면 화목한 가운데 발전을 가져온다.

갈등의 원인 파악

- 겉으로 드러난 원인뿐만 아니라 내재적인 요인이 있을 수 있으므로 진정한 갈등 원인을 파악하는 것이 중요하다.
- 갈등의 원인이 반감 때문인지, 가치관 대립인지, 방법이나 기호나 취미의 대립인지, 이해관계 대립인지, 감정 대립인지, 심지어 오해에서 비롯된 것인지를 파악하고 분석해야 한다.

목표 공유

● 갈등은 서로 다른 목표를 바라보고 있어 생기는 것으로 갈등 관리를 위해서는 목표를 한군데로 모아야 한다.

● 갈등관리의 핵심인 "서로 다른 목표"에 대한 소통을 해야 한다.

상대방의 의견 경청

● 자신의 관점이 아니라 상대방의 입장에서 듣고 이해하려는 노력이 중요하다.

● 듣는 과정에서 수시로 질문하는 것이 소통을 강화한다.

● 상대방의 기본 입장과 의도는 무엇인지, 어떤 배경과 가치관을 가지고 있는지를 파악하면 상대방의 주장을 이해할 수 있다.

🎬 〈논어〉 자로(子路) 편 중에서 '화이부동(和而不同)'

> 화(和)는 다양성과 차이를 인정하는 관용과 공존의 논리이며 질적 발전을 가능하게 한다. 하지만 동(同)은 다양성을 인정하지 않고 획일적 가치만을 용인하는 것으로서 지배와 흡수 합병의 논리이다.

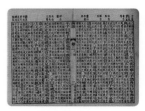

≪논어 論語≫는 BC 450년경에 만들어진 책으로 공자의 언행록임. 공자를 중심으로 그의 제자들과 제후와의 문답 등을 기록했음. 공자가 세상을 떠난 후 그의 제자들이 서로의 기록을 모아 논찬했기 때문에 이름 붙여진 것임.

● 갈등을 해소하기 위해서는 동이불화(同而不和)가 아니라 화이부동(和而不同)이 요구된다.

● 군자는 다름을 인정하면서 함께할 줄 알고 소인은 끼리끼리 놀 뿐 함께 할 줄 모른다. '남과 사이좋게 지내되 의(義)를 굽혀 좇지는 아니한다'는 뜻으로서 남과 화목하게 지내지만 자기의 중심과 원칙을 잃지 않음을 의미한다.

9 갈등 예방과 해결

🎬 에이브러햄 링컨 어록

> 어떤 사람과 피치 못할 갈등이 발생하면 "갈등이 생긴 그 문제에 대해 더 많이 알아야겠다"라고 하면서 해결책 모색에 골몰했다.

프랭클린 루스벨트
(Franklin Roosevelt,
1882~1945)
미국의 제32대 대통령. 뉴딜 정책으로 미국이 대공황에서 벗어나도록 했음.

공감대 형성

🎬 루스벨트의 갈등 해결

• 루스벨트는 어떻게 갈등을 해결했을까?

미국의 프랭클린 루스벨트 대통령은 4번이나 대통령에 당선된 훌륭한 지도자였다. 1929년 경제위기인 대공황을 뉴딜 정책으로 극복했고 제2차 세계 대전에선 연합군으로 참전하는 결단을 하여 전쟁을 승리로 이끌었으며 UN을 창설하는데 결정적인 역할을 했다. 이런 탁월한 리더십은 갈등을 해결하는 능력에서 나왔다.

대통령 재직 시절 제출한 법안에 강력히 반대하는 야당 의원을 설득하기 위해 그의 취미를 알아보니 우표 수집을 광적으로 좋아한다는 사실을 알았다. 루스벨트 대통령은 그 야당 의원에게 연락을 취해 자신이 모으던 우표 정리를 도와달라고 요청했다. 의원은 달갑지 않았지만, 우표 수집이란 말에 마지못해 만났다.

루스벨트는 우표에 대한 그의 지식을 인정하며 많은 조언을 구했다. 함께 있는 동안 우표에 대한 화제와 함께 자연스럽게 법안에 대한 대화도 나누었다. 얼마 후 법안 심사에서 그 의원이 찬성함으로 큰 갈등 없이 법안이 통과되었다.

- 공감대를 형성하면 갈등이 완화되고 해결될 수 있다.
- 차이를 좁히려 노력하기보다는 일단 공통점을 공유하여 다름을 보기보다는 같음을 봐야 한다.

관용과 포용력 발휘

- 관용은 자신과 다른 견해나 행동을 인정하고 허용하는 것이며 상대방의 생각과 주장을 이해하고 받아주는 포용적인 자세를 뜻한다.
- 그렇다고 상대방에 대해 무조건 관용과 포용이 능사는 아니다. 자신의 주체성을 지키며 사회 질서와 공동선이 지켜질 수 있는 범위 내에서 행사되어야 한다.

대안 도출

- 모두를 아우르는 대안을 창출해 내는 것이 어려울 수 있지만, 서로에게 이롭도록 하겠다는 마음으로 공정한 기준과 원칙으로 합리적인 결론을 끌어내야 한다.
- 한쪽이라도 패배감이 든다면 제대로 해결된 갈등관리가 아니다.
- 서로가 이해할 수 있는 상생의 대안을 마련해야 한다.

실천하기

- 자신의 견해와 감정을 앞세우기보다는 상대방의 말을 경청한다.
- 상대방이 자신과 사고방식이나 사용하는 말의 뜻이 다를 수 있다는 점을 인식한다.
- 자신의 논리만을 전하기보다는 먼저 상대방을 이해하고 존중해 준다.
- 내가 하고 싶은 말만 하는 불통의 습성이 있다면 이를 고친다.
- 공통된 화제로 편안하게 이야기할 수 있는 분위기를 만든다.
- 내가 말하고자 하는 내용과 상대방이 말하고자 하는 내용을 구분하여 생각한다.
- 말하기 전에 상대방이 듣고 싶어 하는 것이 무엇인지를 생각한다.
- 독서를 통해 좋은 표현 문구를 메모하고 익힌다.
- 상대방의 입장에서 상황을 바라보려고 노력한다.
- 감정이나 체면을 경계하고 정직하고 솔직하게 소통한다.
- 나도 상대방과 생각이 같을 수 있다는 인상을 강하게 심어준다.
- 상대방의 특성을 제대로 이해하고 감성에 호소한다.
- 나는 옳고 상대방은 틀렸다는 일방적인 단정을 경계한다.
- 상대방과의 차이를 인정하면서 인내심을 발휘하여 분노를 통제한다.
- 상대방에 대한 편견이나 선입견을 갖지 않고 타협점을 찾기 위한 성실한 자세를 취한다.
- 간결하게 주장하고 뒷받침할 수 있는 적절한 근거를 댄다.
- 필요한 경우 중재를 요청한다.

토론하기

- 소통을 잘하려면 어떻게 해야 할까?

로버트 케네디의 공감대 형성

1962년 로버트 케네디가 일본 와세다대학교를 방문하여 강당에서 강연했을 때의 일이다. 당시 일본에서는 반미 감정이 매우 높았는데 케네디는 그 사실을 알고 있었기에 말 한마디 한마디를 조심스럽게 했다.

냉담한 분위기에서 강연을 마친 케네디가 강단을 내려오자 일부 학생들이 욕설을 퍼부으며 "양키 고 홈! 양키 고 홈!"을 외쳤다. 하지만 케네디는 당황하지 않고 잠시 생각에 잠기더니 다시 강단에 올라갔다.

마이크를 잡은 케네디는 학생들을 향해 "내가 아는 노래가 하나 있는데 한 곡 부르겠으니 양해해 달라"고 말했다. 그의 예상치 못한 행동에 학생들은 당황스러워했다. 케네디의 낮지만 진중하게 부르는 노래 한 소절이 흘러나오자 갑자기 분위기가 숙연해지고 야유를 퍼붓던 학생들은 어느새 하나둘 그의 노래를 따라 부르기 시작했다.

강당은 한 목소리가 되어 부르는 노랫소리로 가득 찼다. 케네디가 부른 것은 바로 와세다대학교 교가였다. 학생들을 위해 준비한 노래는 그의 백 마디 연설보다도 강했고, 학생들의 가슴에 공감을 일으켰다.

로버트 케네디(Robert Kennedy, 1925~1968)
그의 형 존 에프. 케네디 행정부에서 법무부 장관과 대통령 고문을 지냄.
후에 연방 상원의원으로 대통령 후보 지명을 위한 선거 유세 중 암살당함.

• 로버트 케네디가 공감대를 형성한 비결은 무엇인가?

정리하기

◉ 소통이 없는 생활은 상상조차 할 수 없다.

◉ 인간은 성격과 말하는 방법, 행동이 서로 다르므로 소통에 문제가 생긴다.

◉ 소통의 관건은 공감에 있으며 상대방을 이해하는 데서 출발한다.

◉ 소통을 위해서는 자기 생각이나 감정을 표현하기보다는 먼저 상대방의 말을 경청해야 한다.

◉ 소통을 위해서는 솔직해야 하며 때로는 이성보다는 감성에 호소해야 한다.

◉ 소통하는 방법으로는 말, 경청, 글, 칭찬, 유머, 눈 마주침, 몸짓 등이 있다.

◉ 공감이 있어야 마음에서 동조가 일어나므로 공감대 형성을 위해 노력해야 한다.

◉ 좋은 인간관계를 맺고 유지하기 위해서는 공감대가 형성되어야 한다.

◉ 공감대 형성은 태도가 결정적인 영향을 미치기도 하므로 겸손한 자세를 가져야 한다.

◉ 갈등을 일상적인 상황으로 받아들이고 소통을 통해 해결해야 한다.

◉ 갈등의 요인을 가능한 사전에 감지하여 소모적인 요소를 감소시켜야 한다.

◉ 갈등관리의 기본은 자신의 주장이 아니라 먼저 상대방의 의견을 듣는 것이다.

◉ 갈등 예방과 해결을 위해 관용과 포용력을 발휘하여 공감대를 형성해야 한다.

확인하기

1 현대 사회의 삶에서 소통의 의미를 서술하시오.

_____

2 소통에 문제가 생기는 이유에 대해 적어 보세요.

_____

3 소통의 본질과 소통을 잘하기 위한 전제 조건에 대해 서술하시오.

_____

4 소통하는 수단으로서의 방법에 대해 적어 보세요.

_____

5 공감을 형성하기 위한 방법에 대해 적어 보세요.

_____

6 친구와의 갈등 상황을 만들어 보고 이의 해결 방안을 서술하시오.

– 갈등 상황 : _____

– 이유 : _____

– 친구가 주장하는 갈등 내용 : _____

– 갈등 해결 방안 : _____

정답 1~6. 각자 적어서

8 협동

📋 **학습목표**
- 협동의 의미와 협동을 해야 하는 이유를 설명하고 실천과제를 열거할 수 있다.
- 근면과 관련하여 일의 의미와 중요성을 이해하고 실천과제를 열거할 수 있다.

1 협동의 의미

🎬 오케스트라 화음

• 두 피아니스트 연주 스타일의 차이는 무엇일까?

유명한 오케스트라에 성향이 다른 두 피아니스트가 있었다. 이들은 더블캐스팅 되어 오케스트라 일정에 맞춰 번갈아 가며 연주를 했다. 한 명의 피아니스트는 피아노 독주 실력은 최고의 기량은 아니지만 다른 악기의 연주자들과 호흡이 잘 맞아서 잘 어우러진 연주를 하였다. 성악가나 다른 파트의 악기가 돋보이는 세션에 맞춰 최대한 자신을 절제하고 주인공이 주목받는 연주를 펼쳐 자신은 드러나지는 않지만, 전체 공연은 아름다운 하모니를 이뤄 좋은 평가를 받았다. 또 다른 피아니스트는 정상급 실력을 갖춘 연주자였다. 하지만 그의 연주는 자신의 기량을 뽐내는데 치중하기 때문에 다른 연주가나 성악가와의 조화가 잘 이루어지지 않았다.

오케스트라의 공연이 끝나고 나면 관객들은 연주에 대해 평가하는 이야기를 나누었다. 더블캐스팅 되는 피아니스트에 대하여 처음에는 기교를 부리는 피아니스트 연주를 선호했지만, 연주회가 거듭될수록 전체와 조화를 이루는 피아니스트를 높이 평가했다. 다른 연주자와 협동하면서 균형 잡히고 조화로운 연주를 하는 이 피아니스트가 연주할 때 관객이 훨씬 많았다.

오케스트라와 같은 것

● 개인이나 집단이 공통의 목적과 목표를 달성하기 위해 활동을 결합하고 서로 도우면서 함께 일하는 것이다.

● 오케스트라는 각양각색의 악기들이 모여 하나의 아름다운 소리를 낸다. 각자의 악기에서 뿜어져 나오는 소리가 함께 어우러져 조화롭고 아름다운 음악이 되는 것이다.

● 협동을 통해 서로 마음을 나누면서 이해하고 양보하고 배려하는 마음을 배우고 익힐 수 있다.

공동의 가치를 추구하는 것

● 나만의 이익과 요구보다는 남도 같이 생각하면서 함께 발전해 나가는 것이다.

● 여럿이 함께 협동하면 혼자서는 할 수 없는 일을 쉽게 해낼 수 있다.

● 자신의 주체성을 지키면서 자신과 공동체의 조화로운 발전을 위해 협동심을 발휘해야 한다.

● 협동심은 한평생 살아가는 동안 배우고 키워야 한다.

개인과 사회 발전의 기본 조건

● 인간은 '사회적 동물'이므로 서로 화합하고 협업하면서 살아가야 한다.

● 협동심이 없는 사람은 이기주의로 흐르기 쉽다.

● 협동은 자신의 인내심과 다른 사람에 대한 배려 없이는 불가능하다.

● 협동은 더불어 살아가는 공동체 속에서 필수적인 덕목이다.

2 협동해야 하는 이유

시너지 효과와 조화로운 성과

● 각자 일할 때보다 더 많은 성과를 낸다. 혼자가 아닌 여럿이 마음과 힘을 합쳐 협동하면 시너지 효과를 발휘하여 더 크고 좋은 결과를 낳을 수 있다.

● 큰일은 혼자 힘으로는 이룰 수 없으므로 다른 사람들과 서로 신뢰하면서 협동해야 한다.

● 교만한 사람은 나의 힘만으로도 무엇인가를 성취할 수 있다는 생각에 차 있는 사람이다. 이는 자신과 공동체를 위해서 바람직하지 않다.

● '나 혼자 잘하면 되지 뭘 복잡하게 여러 사람이 어울려서 힘들게 해야 하나?'라고 생각해서는 안 된다.

비범한 결과의 원동력

● 합한 두 사람은 흩어진 열 사람보다 낫다. 복잡하고 전문화된 현대 사회에서 혼자서 이룰 수 있는 일은 거의 없으므로 혼자만의 능력이 아닌 협동은 필수적이며 협력자의 질과 양이 자신의 경쟁력이다.

● 현대 디지털 사회에서 꿈을 실현하려면 '네트워킹 전략'을 활용하여 협동해야 한다. 네트워킹 전략은 서로의 강점에 기초하고 있다. 서로가 경쟁하는 전략이 아니라 각자가 잘할 수 있는 분야를 맡아서 도와주고 보완해 주는 협동 전략이 필요한 것이다.

3 삶과 일

일의 의미

- 일은 삶의 목적을 달성하기 위한 정신적·육체적 활동이다.
- 인간은 일을 통해 삶의 목적으로 가치 있다고 생각하는 것을 이루고 싶어 한다.
- 일은 축복이다. 일한다는 것이 인생의 가치이며 행복이다.
- 일상생활에 필요한 것을 만들어내고 그 대가를 받아서 생활한다.
- 규칙적인 생활 습관과 절제와 성실, 책임감과 같은 도덕적 가치를 배운다.
- 여러 가지 어려움을 극복하기 위하여 최선을 다하면서 몸과 마음을 단련한다.
- 협동과 나눔, 배려와 같은 공동체의 규범과 태도를 익힌다.

삶의 목적

- 삶에 보람과 가치를 느낄 수 있으며 건강하고 활기차게 살아간다.
- 자신의 능력을 발휘하여 삶의 의미를 발견하고 보람과 기쁨을 느낀다.
- 자아의 실현을 위해서는 일이 중요한 역할을 한다.

4 즐거워하는 일

🎬 에디슨 어록

> 나는 평생 단 하루도 일한 적이 없으며 늘 재미있게 놀았다. 돈이 발명가의 노력에 대한 보상으로 보이기 쉽지만 나는 발명하는 내내 엄청난 희열을 느낀다. 사실 나에게 돌아오는 가장 큰 보상은 일 자체가 주는 즐거움이다. 그리고 그것은 세상이 성공이라고 떠들기 전에 이미 이루어진다.

토머스 에디슨(Thomas Edison, 1847~1931) 미국의 발명가이자 사업가. 축음기 등 1,300여 품목을 발명한 세계적인 발명왕.

힘든 '일'이 아니라 즐거운 '놀이'

- 인생의 의미를 느끼면서 일하는 사람은 성공한 인생이지만 오로지 돈만 벌기 위해 일하는 사람은 실패한 인생이다.
- 훌륭한 일자리는 삶에 활력을 주고 의미를 부여하지만 잘못된 일자리는 삶의 의미를 퇴색시킨다.

일과 삶

- 하는 일이 지루하고 괴로우면 자신의 인생도 지루하고 괴로워지고, 하는 일이 기쁘고 즐거우면 자신의 인생도 덩달아 기쁘고 즐거워진다.
- 싫은 일에서 창조의 힘은 솟아나지 않으며 즐겁고 희망적인 일에 종사하는 것은 행복의 비결이다.

열망하는 일

🎬 스티브 잡스 어록

> 하는 일이 삶의 대부분을 채우게 될 것이며, 진정한 만족감을 느끼는 유일한 길은 스스로 멋진 일이라 믿는 일을 하는 것이다. 아울러 멋

> 진 일을 할 수 있는 유일한 길은 하는 일을 사랑하는 것이다. 아직 멋진 일을 찾지 못했다면 계속 찾아보고 절대 안주하지 마라.

- 즐거운 마음으로 일을 잘하기 위해서는 열망하는 일을 해야 한다.
- 일하는 시간을 잊을 정도로 집중할 수 있는 직업이 최고의 직업이다.
- 자신이 간절히 원하는 것이 무엇인지 자신에게 묻고 선택하여 열정과 에너지를 쏟아 부어야 한다.

5 잘할 수 있는 일

자신이 할 수 있는 일과 할 수 없는 일

- 잘할 수 있는 일을 알아야 최선의 능력을 발휘할 수 있으며, 할 수 없는 일을 알아야 그 일에 발목이 잡히지 않는다.
- 자신의 능력으로 잘할 수 있는 일에 집중한다면 인생은 풍요로워지지만, 자신의 능력으로는 도저히 잘할 수 없는 일에 무모하게 도전하거나 매달려 있다면 인생을 낭비하게 된다.

잘할 수 있는 일

- 자신의 능력과 재능을 최대한 발휘할 수 있는 일에 종사해야 한다.
- 자신이 잘할 수 있는 일에 집중하여 최대한의 성과를 내야 한다.

6 근면과 협동

일과 협동

- 협동은 일을 통해서 이루어진다.
- 먼저 자신이 맡은 일에 최선을 다해야 한다.

협동할 수 있는 일

- 자신이 좋아하는 일
- 자신이 잘할 수 있는 일
- 자신에게 좋아하는 일이나 잘할 수 있는 일이 주어지지 않을 경우에는 지금 하는 일을 사랑하면서 잘할 수 있는 일로 만들어야 한다.

 실천하기

- 공동체 의식을 가지고 서로의 발전을 위해 협동한다.
- 협동할 때에 내 역할에 최선을 다한다.
- 함께 일할 때 "감사합니다.", "함께 일하는 것이 즐겁습니다.", "수고가 많습니다"라는 말을 입에 달고 다닌다.
- 자신이 하는 일을 사랑하면서 잘할 수 있도록 최선을 다한다.
- 지금 하는 일을 즐기면서 집중한다.

토론하기

- 협동을 잘하려면 어떻게 해야 할까?

읽기 자료

제곱하기

　a, b 두 숫자를 아래와 같이 각자 제곱했을 때와 괄호로 더해 제곱했을 때를 비교해보자.

> ① $a^2 + b^2 = a^2 + b^2$
>
> ② $(a+b)^2 = a^2 + b^2 + 2ab$
>
> **즉 ②번 공식에서는 2ab가 추가로 생긴다.**
>
> a가 3, b가 5라고 하면 ①번 공식에서는 $3^2 + 5^2 = 9 + 25 = 34$가 되지만 ②번 공식에서는 $(3 + 5)^2 = 64$가 되어 30이 추가로 생긴다.

　여기에서 a는 나 자신, b는 상대방, 제곱은 성공을 위한 노력을 의미한다. 즉 서로 합쳐서 협동할 경우 더 큰 성과를 거두게 된다.

• 위 제곱하기와 협동과는 어떤 상관관계가 있는가?

정리하기

⊙ 협동은 개인이나 집단이 서로 활동을 결합하고 도우면서 일하는 것이다.

⊙ 협동하기 위해 자신에 대한 인내심과 다른 사람에 대한 배려심을 발휘해야 한다.

⊙ 협동하면 어려운 일을 쉽게 해낼 수 있고 불가능한 일이라도 이룰 수 있다.

⊙ 협동은 개인과 사회 발전의 기본 조건이다.

⊙ 자신의 주체성을 지키면서 협동심을 발휘해야 한다.

⊙ 협동심은 살아가는 동안 배우고 키워야 한다.

⊙ 꿈을 실현하려면 네트워킹을 통해 협동해야 한다.

⊙ 일은 삶의 목적을 달성하기 위한 정신적·육체적 활동이다.

⊙ 일은 축복이며 일한다는 것이 인생의 가치이며 행복이다.

⊙ 직업에서의 일에 따라 삶의 모습이 달라지므로 직업 선택은 중요하다.

⊙ 가급적 즐겁게 일할 수 있고 좋아하는 일을 택해야 한다.

⊙ 자신이 할 수 있는 일과 할 수 없는 일이 무엇인지 인식하고 잘 할 수 있는 일을 선택해야 한다.

⊙ 때로는 주어진 일을 사랑하면서 잘할 수 있는 일로 만들어야 한다.

확인하기

1 협동의 의미를 서술하시오.

_____

2 협동을 해야 하는 이유를 서술하시오.

_____

3 내가 앞으로 하겠다고 마음먹은 협동은 무엇인지 적어 보세요.

_____

_____

4 다음 중에서 근면의 본질인 일의 내용을 바르게 설명한 것이 아닌 것은 무엇인 가요?

① 일은 축복이며 일한다는 것이 인생의 가치이며 행복이다.

② 일은 삶의 목적이라기보다는 생활의 방편이다.

③ 일을 어떤 마음과 태도로 하느냐가 삶의 보람과 행복을 결정한다.

④ 자신이 할 수 있는 일과 할 수 없는 일이 무엇인지 인식해야 한다.

5 직업 선택의 관점에서 내가 하고 싶은 일은 무엇이며, 이를 위해 어떤 노력을 기울 이고 있는지 적어 보세요.

_____

_____

예방 교육

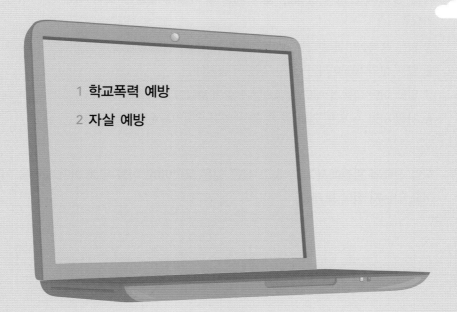

1 학교폭력 예방

📖 **학습목표**
- 학교폭력의 유형과 원인 및 예방 방법에 대해 설명할 수 있다.
- 학교폭력 예방과 관련하여 친구의 중요성을 인식할 수 있다.
- 학교폭력의 주요 원인인 분노 조절에 대해 설명할 수 있다.

👆 학교폭력의 현실과 유형

학교폭력은 심각한 사회 문제이다. 미래의 꿈과 희망에 부풀어 매진해야 할 시기에 학교폭력에 노출된다는 것은 개인적으로나 사회적으로 매우 불행한 일이다. 특히 학교폭력이 더욱더 흉포화되고 교묘하게 저질러지면서 피해학생의 자존감이 말살되어 자살에 내몰리기도 한다.

학교폭력 유형에는 신체폭력, 사이버폭력, 언어폭력, 금품갈취, 강요, 따돌림, 성폭행 등이 있다. 그중 언어폭력이 신체폭력을 앞서고 있다. 이는 부모나 선생님 등 제 3자가 개입할 여지가 점점 줄어든다는 것을 의미한다. 언어폭력은 핸드폰을 통해 개인 메시지로 전달되거나 SNS를 통한 사이버폭력이 행사되기도 하는 등 은밀하게 진행되기 때문에 당사자가 아니면 그 고통의 정도를 헤아리기가 어렵다.

남학생들은 신체폭력, 금품 갈취 등 겉으로 드러나는 사례가 많고, 여학생들의 경우는 따돌림이나 욕설과 같은 사례가 많다. 스마트폰으로 인해 SNS에서의 폭력도 상당하고 그것을 견디지 못해 자살을 선택하는 청소년이 많다.

신체폭력

신체를 때려서 고통을 주는 상해와 폭행, 강제로 일정한 장소로 데리고 가는 약취, 일정한 장소에서 쉽게 나오지 못하게 하는 감금, 상대방을 속이거나 유혹해서 일정한 장소로 데리고 가는 유인 등이 있다.

사이버폭력

인터넷, 핸드폰 등 정보통신기기로 협박, 위협, 비난하기, 사이버머니·아이템 훔치기, 헛소문 퍼뜨리기, 악성 댓글 올리기, 원치 않는 사진이나 동영상을 찍거나 유포시키는 행위이다.

구체적으로는 인터넷 게시판, 채팅, 문자, 카페 등에 특정인에 대한 모욕적인 말이나 욕설 등을 올리는 행위, 허위 내용의 글이나 사생활에 관한 사실을 불특정 다수에 공개하는 행위, 위협, 조롱, 성적수치심을 주는 글·그림·동영상 등을 유포시키는 행위, 공포심이나 불안감을 유발하는 문자·음향·영상 등을 반복적으로 전송하는 행위 등이다.

언어폭력

욕설, 비웃기, 은어로 놀리기, 겁주기, 위협, 협박, 신체 특정 부분 놀리기 등이 있다. 여러 사람 앞에서 상대방의 외모, 성격, 능력 등을 비하하는 말로 명예를 훼손하는 행위이다.

금품 갈취

일부러 상대방의 물건을 망가뜨리거나, 강제로 빌리기, 돈이나 옷, 문구류 등 물건을 빼앗는 행위이다.

강요

폭행 또는 협박으로 상대방의 권리 행사를 방해하거나 의무가 없는 일을 강제로 하게 하는 행위이다. 강제적으로 심부름을 시키는 것으로 빵 셔틀, 와이파이 셔틀, 숙제 셔틀 등이 있다.

따돌림

싫어하는 말이나 빈정거림, 면박이나 핀잔주기, 말을 따라하며 놀리기 등으로 다른 학생들과 어울리지 못하도록 하는 행위이다.

성폭력

상대방의 의사에 반하여 성적 불쾌감을 주거나 해악을 끼치는 성적 행위이다. 강제적 성행위인 성폭행, 신체적 접촉 행위인 성추행, 성적인 언어나 음란 전화 등으로 성적 수치심을 주는 성희롱 등이 있다.

학교폭력의 원인

학교폭력의 원인은 학우 간에 공감하지 못하는 갈등 상황에서 분노를 조절하지 못해 일어나거나, 소유욕을 채우기 위해서나 심지어 폭력을 통해 쾌감을 느끼기 위해서도 행해진다.

학교폭력과 친구

학교폭력은 대개 동급생이나 상·하급생 사이에서 벌어지는 행위이다. 진정한 친구 사이에서는 상호 예절을 지키면서 절대 학교폭력이 일어나지 않는다. 그러므로 친구에 대한 주관을 확립하고 올바른 친구를 사귀어야 한다.

신뢰할 수 있고, 의지할 수 있고, 본받을 수 있는 친구를 사귀어야 한다. 친구가 많다는 것을 자랑할 일은 못되며 얼마나 많으냐가 아니라 어떤 사람이냐가 중요하다. 친구를 사귀는 데 있어서 중요한 건 질이지 양이 아니다.

'지위 친구'와 '인생 친구'를 혼동하지 말아야 한다. '지위 친구'는 지위나 성공을 보고 찾아온 사람이고 '인생 친구'는 꿈을 함께 하며 미지의 먼 길을 같이 가는 사람이다. 좋은 친구는 '지위 친구'가 아닌 '인생 친구'이며 마음이 통하고, 함께 있으면 더욱 빛이 난다.

동물은 같은 종류끼리 모이고, 사람은 같은 무리끼리 사귄다. 누구를 친구로 사귀고 있는지를 보면 그 사람을 알 수 있듯이, 부도덕하거나 어리석은 자의 친구라면 같은 평가를 받는다. 이런 자들과 어울려 인생을 망치지 말아야 한다.

잠깐 뜨겁다가 식어버리는 이름만의 친구가 있는데 오늘의 이름만의 친구가 내일의 적이 될 수 있으며 가장 나쁜 적이 될 수도 있다. 바로 이런 친구들이 학교폭력의 가해자가 되기도 한다. 또 예전에 가까웠던 사람이 가장 나쁜 적이 되는 경우가 있는데 사전에 유의해서 사귀어야 한다.

학교폭력과 분노

학교폭력 원인 중의 하나는 분노이다. 상대방에 대한 분노이든, 자기 자신에 대한 분노이든, 상대방이 아닌 다른 사람 때문에 생긴 분노이든, 세상에 대한 분노이든 이를 특정인에게 폭발시키는 것이 학교폭력이다. 그러므로 분노를 잘 관리하여야 한다.

🎬 칭기즈 칸이 오해한 분노

• 칭기즈 칸이 사실을 오해하여 분출한 분노의 결과는 어떻게 되었을까?

칭기즈 칸은 사냥을 할 때는 자신이 키우는 매를 데리고 다녔다. 하루는 사냥을 마치고 먼저 매를 날려 보내고 집으로 돌아가는 길이었다. 목이 말라 바위틈에서 떨어지는 물에 수통을 대고 있는데 갑자기 자신의 매가 쏜살같이 날아와 손을 쳐서 수통이 땅에 떨어지고 말았다. 화가 치밀어 오른 칭기즈 칸은 칼로 매를 내리쳐 죽이고 나서 무심코 바위 위를 바라보는데 죽은 독사가 바위의 물길에서 썩고 있었다.

칭기즈 칸은 잠시 마음을 다스리지 못하여 독사의 독에서 자신의 목숨을 구해 주려던 애지중지하던 매를 죽이는 어리석음을 범한 것이었다. 순간적인 분노가 생각과 판단을 흐리게 한 것이다. 칭기즈 칸은 막사로 돌아와 금

으로 매의 형상을 만들게 하고 양 날개에 다음과 같은 문구를 각각 새겼다.

'분노로 한 일은 실패하게 마련이다.' '설령 마음에 들지 않는 행동을 하더라도, 벗은 여전히 벗이다.'

칭기즈 칸(Genghis Khan, 成吉思汗, 1162~1227)
본명은 보르지긴 테무친. 몽골의 무사이자 통치자. 역사상 가장 유명한 정복자.

분노는 일상적으로 맞부딪치는 자연스러운 감정으로 인생에서 분노하지 않고 살 수는 없다. 분노는 마음속에 숨겨져 있다가 자극을 받으면 분출한다. 분노를 분출하면 자신이나 상대방의 정신 깊은 곳에 파고들어 문제를 일으킨다. 마음에 좌절과 고통과 상처를 남기고 삶의 평화를 앗아가 버린다. 오랫동안 노력했던 일이 한순간에 허사로 돌아가고 잘 지내던 인간관계가 서먹서먹해지거

나 단절되어 버린다. 분노 폭발은 불행이 시작되는 출발점으로 폭력이나 심지어 살인까지 저지르는 등 씻을 수 없는 재앙이 될 수 있다.

피해학생과 가해학생 후유증

학교폭력은 피해학생과 가해학생 모두에게 심각한 후유증을 남긴다. 학교폭력은 피해학생의 인간 존엄성을 부정하는 행위이다. 피해학생은 자존감 말살로 심리적으로 우울과 불안과 무력감에 시달리며, 타인에 대한 불신이나 원망, 미움의 감정으로 고통을 받는다. 여러 정서적 불안정으로 대인관계에 어려움을 겪고 현실 적응 능력이 떨어진다. 감수성이 예민한 이 시기의 학교폭력은 피해자에게는 평생 씻을 수 없는 상처를 안긴다. 그 고통은 신체의 고통뿐만 아니라 정신적으로 치유하기 힘들 정도의 자아 상실감에 빠지게 되며, 피해학생이 복수에 나서게 되어 폭력의 악순환을 일으키거나 자살 등 극단적인 선택에 내몰리게도 한다. 이는 사회적 혼란과 사회적 손실을 초래한다.

폭력을 행사한 가해학생은 공격적이며 공감 능력이 결핍된 예가 많다. 타인에 대한 배려심이 현저히 낮을 뿐 아니라 폭력 친구들 끼리 관계를 형성한다. 특히 학교폭력을 저지른 후에 학교에서 처벌 받거나 법적으로 구속되어 처벌 받는 경우에 일생동안 전과자로서 씻을 수 없는 과오가 되어 앞으로의 삶에 커다란 지장을 받게 된다. 학교폭력을 다스리지 못하면 군대폭력, 사회폭력, 가정폭력으로 이어져 인생 자체가 폭력으로 얼룩진 삶을 살게 된다, 꿈 많고 창창한 미래가 펼쳐져 있는 청소년기에 학교폭력을 저질러 인생에 오점을 남겨서는 안 된다. 자신의 폭력 행위가 어떤 결과를 낳을 것인지 예측해 보면 그 심각성을 깨닫게 될 것이다.

학교폭력에서 벗어나는 방법

학교폭력은 범죄 행위로 일어나서는 안 되는 행위이다. 학교폭력은 애초부터 일어나지 않도록 예방해야 하며 학교폭력이 일어났을 때는 이를 해결하기 위해 모두가 적극적으로 대처해야 한다.

학우 간에 의사소통을 원활하게 하여 갈등을 줄이거나 없애야 한다. 분노 조절을 하지 못한 학교폭력에 대해서는 분노를 조절하는 방법을 터득하여 다스리고 대화로 해결해야 한다. 금품 갈취 등 소유욕을 채우기 위한 폭력 행사를 예방하기 위해서는 자기관리를 철저히 해야 한다. 폭력에 쾌감을 느끼게 되면 점점 폭력에 중독되므로 상담을 받거나 정신적 치료를 받아야 한다.

폭력을 당하는 상황에서 폭력의 부당성을 명확하게 표현해야 하며, 피해학생은 용기를 가지고 자신의 상황을 주변에 알리고, 부모님이나 선생님, 전문가에게 적극적으로 도움을 요청해야 한다. 필요한 경우에는 법이나 제도, 외부 기관을 적극적으로 활용한다. 법에 의해 상담 내용은 비밀로 하여 지켜주므로 도움을 받는다. 법에 의해 피해학생에 대해서는 보호 조치가 이루어진다. 심리상담 및 조언, 임시 보호, 치료 및 치료를 위한 요양, 학급 교체, 그 밖에 피해학생 보호를 위해 필요한 조치가 취해지며, 피해학생에 대해 출석일수를 산입하며, 성적 평가 등에 불이익을 금지하고 있다. 특히 피해학생은 자기 비하 감정에 빠지지 않도록 자존감 회복 치유를 하도록 한다.

주변의 학우들은 학교폭력을 목격하면 보복이나 따돌림을 당할 것을 두려워하여 방관자가 되지 말고 선생님께 알려야 한다.
이는 법적 의무 사항이다.

☑ **학교폭력 신고할 곳**

- 신고전화: 국번 없이 117
- 학교폭력 온라인 신고: www.safe182.go.kr
- 학교폭력 모바일 신고: m.safe182.go.kr

가해 행위에 대한 증거 확보

- **서면 자료**: 피해에 대한 일체의 진술서, 피해학생의 일기장, 주변 친구의 진술서, 병원 진단서
- **사진 자료**: 상처가 있으면 즉시 촬영
- **사이버 자료**: 이메일, 채팅 내용, 게시판 글 등을 화면 캡처하거나 출력
- **녹취 자료**: 목격자를 만나 진술을 듣고 녹음(대화자간의 녹음은 상대방의 동의가 없어도 합법임)
- **휴대폰 자료**: 문자, 음성메시지, 사진, 동영상 등 보관

소년교도소에 수감된 학교폭력 가해 학생에게

　몇 년 전 TV에서 김천 소년교도소 재소자로 구성된 합창단의 공연 장면을 보았어. 그 재소자들은 모두 너와 비슷한 또래의 청소년들이었지. 유명 가수의 지도 아래 합창 연습 과정과 공연 장면이 나오는데 그 과정보다는 소년교도소의 생활 모습과 재소자인 청소년들이 후회의 눈물을 흘리는 장면이 훨씬 많았어.

　나는 그 장면을 보면서 한창 꿈을 펼치기 위해 노력해야 할 시기에 철창 속에 갇혀 있는 모습에 연민과 안타까움을 느꼈어. 그들이 무슨 죄를 지었는지는 정확히 모르지만 너와 같이 학교폭력의 범죄를 저지른 수감생도 있었지. 하지만 네가 저지른 폭력을 견디다 못해 자살한 급우를 생각하니 연민의 정이 확 가시더구나. 그렇지만 죄는 미워도 사람은 미워하지 말아야겠다는 생각과 함께 학교폭력을 없애는데 조그마한 도움이 되고자 이 편지를 쓴다.

　소년교도소에 수감되어 답답하고 힘들다고 할지 모르겠지만 너 때문에 스스로 목숨을 끊은 급우를 생각해 봐. 사건 당시의 신문기사를 보니 네가 경찰에서 수사를 받으면서 "장난삼아 시작한 일인데 이렇게 될 줄 몰랐다"고 되어있는데 그렇게 말한 게 사실이야? 뭐 장난이라고? 아직도 그렇게 생각해? 한두 번도 아니고 수개월에 걸쳐 상상을 초월하는 수법으로 급우를 학대해 놓고 말이야. 입장을 바꿔 놓고 생각해 봐. 네가 한 행동처럼 네가 당했다고 생각해 봐, 어떻겠어?

　너는 친구, 아니 급우를 '인간 리모컨'처럼 조종하면서 협박하고 폭력을 가했어. 이를 견디다 못한 급우는 스스로 목숨을 끊었어. 친구란 표현을 쓰고 싶지 않아. 그냥 급우란 표현을 쓰기로 하지.

　너는 급우 휴대전화에 하루 최대 50건의 문자메시지를 날리며 시시때때로 협박했지? 온라인게임 레벨을 올리기 위해 급우의 잠자는 시간까지 체크하며 게임을 대신 하도록 했지? '잠자지마, 게임해' '자고 싶으면 빨리 해라. 못 잔다' '지금 가서 샤워하고 잠 깨라. 그리고 바로 겜' '잘 테니까 게임할 때 집 전화로 내 폰에 전화하고 5초 뒤에 끊고 잘 때는 폰으로 5초 전화하고 끊어' 등의 메시지를 보내며 게임을 시켰어. 그래도 급우가 말을 잘 듣지 않았는지 새벽 2시가 넘은 시각에 '○○아. 디질래?' 하며 문자메시지를 보냈어.

이처럼 너의 강요에 못이긴 급우는 너를 알고부터 목숨을 끊기까지의 290일 중에서 218일 동안 845차례에 걸쳐 온라인게임에 접속했더군. 이는 하루 평균 네 차례 꼴이야.

숙제를 대신하게도 했지? '디질래? 내 숙제 대신 해' '청소 그만하고 방에 가서 빨리 (내 숙제) 15장 써라' '(내 숙제) 안 하면 내일 50분 동안 맞지 뭐' '1분 안에 두 가지 중에서 정해라. 50분 동안 맞을래 15장 쓸래? 다른 답 할 때마다 5분씩 맞는다' 등 너희들의 은어인 '숙제셔틀'을 시켰어.

돈과 옷 등을 갈취했지? '빈폴 바람막이 사라고' 등의 메시지를 보내며 값비싼 옷을 가져오라고 강요했고, '살고 싶으면 용돈 갖고 와' '일하고 돈 받으라니까 똥파리 새끼야' '어제 많이 했으니까 용돈 주세요. 이렇게' 등 급우가 어머니에게 돈을 받는 방식까지 지시했어.

수시로 협박했지? '5대 추가. 닥치고 하라는 대로 하라고^^ 요즘 안 맞아서 영 맞이 갔네' '문자 답 늦을 때마다 2대 추가' '그냥 해라 미친 것. 살고 싶으면 해라'라고 했고 '지금 내 기록 다 삭제하고 전체 잠금으로 비번 걸어 놔라' '기록 다 삭제' 등의 문자로 흔적을 없애려고도 했어.

목검, 단소, 격투기용 글러브로 상습적으로 폭행하여 죽은 급우의 신체 곳곳에서 멍자국이 발견됐지. 그리고 죽은 급우의 유서 내용을 보면 담배 피우라고 강요하고, 물고문과 줄을 목에 걸고 끌고 다니면서 과자 부스러기를 주워 먹으라고 했고, 피아노 의자에 엎드리게 해놓고 몸에 칼로 상처를 내려하다가 실패하자 팔에 불을 붙이려고 하는 등 상상조차 할 수 없는 행동을 저질렀어.

이런 충격적인 가혹행위와 폭행으로 견디다 못한 급우는 자신이 살고 있는 아파트 7층 베란다에서 투신하여 목숨을 끊었어. 이건 조폭보다 더한 거야. 성인도 흉내조차 낼 수 없는 흉악한 범죄 행위야. 이렇게 용서받을 수 없는 범죄를 저질러 놓고 용서해 주기를 바란다면 이건 인간의 도리가 아니지.

너는 소년교도소에서 후회와 반성을 하면서 사죄의 눈물을 흘리고 있니? 행여나 소년교도소에서 생활하는 것이 힘들어서, 범죄자가 된 자신의 인생이 걱정이 되어서 눈물을 흘리는 것은 아니겠지?

물론 그럴 수도 있겠지만, 사죄의 눈물을 흘리는 것이 급선무야. 네 자신을 위해서도 바람직한 거야. 마음을 맑게 해야 해. 그렇지 않으면 앞으로 남은 네 인생은 범죄자라는 굴레에서 벗어날 수가 없어. 그러려면 진정한 마음으로 용서를 빌어야 해.

하늘나라로 먼저 간 급우에게 용서와 명복을 비는 간절한 기도를 해. 만약 마음에서 우러나는 사죄와 죽은 급우에 대한 용서를 비는 기도를 수시로 하지 않는다면 너는 용서받을 수 없을 것이고 용서 받아서도 안 돼.

　급우의 부모님에게 반성과 용서를 비는 편지를 자주 보내. 네 부모님도 너 때문에 얼마나 많은 정신적인 고통을 겪고 있겠어? 부모님을 위로하고 앞으로의 각오를 수시로 전해. 이 모든 것은 진정한 사죄여야지 가식적으로 해서는 절대로 안 돼. 마음속 깊이, 뼛속 깊은 곳에서 우러나온 진정한 사죄가 아니면 하지 마.

　이것이 가능하지 않다면 글을 써서 교육청에 보내 발표할 수 있도록 하는 방법도 한 방법인 것 같아. 하늘나라로 먼저 간 급우가 남긴 유서가 학교폭력의 현실을 적나라하게 보여주었듯이 당사자인 네 글이 학교폭력 근절에 보탬이 되었으면 해. 다시 말하지만 이렇게 하는 것이 진정한 사죄에서 나와야지, 동정이나 형기 단축을 기대해서 가식적으로 하면 절대로 안 돼.

　나는 네가 진정한 사죄의 바탕 위에서 다시 새롭게 태어나기를 바란다. 그것이 네 자신을 위해서도, 자식을 소년교도소에 보내 놓고 탄식의 눈물을 흘리고 있을 네 부모님을 안심시키고 위로하는 일도 될 거야. 네가 진정한 사죄와 용서를 구한다면 너에게 이런 말을 들려주고 싶구나.

　"인생에는 누구나 다 실수할 수 있고 실수에 따른 시련이 있게 마련이야. 하지만 네가 학교폭력을 저질러 겪는 이 시련은 있어서도 안 되고 있을 수도 없는 일이야. 어쨌든 이 시련을 새로운 삶의 계기로 삼아야 한다. 지금 생활하고 있는 소년교도소를 수련장으로 생각하고 깊은 후회와 반성을 하고 사죄하면서 성실한 자세로 견뎌야 한다."

－ 윤문원 ≪쫄지마 중학생≫ 중에서

2 자살 예방

- 청소년 자살의 양상과 원인을 설명할 수 있다.
- 청소년 자살 예방 방법을 설명할 수 있다.

🖐 청소년 자살 양상

사전에는 자살을 '고의적으로 자신에게 부과한 죽음이다. 강렬한 고통을 초래하는 문제 혹은 위기로부터 탈출 하고자 하는 방법이다'라고 정의한다. 자살은 고의로 자기를 해치거나 죽음에 이르게 하는 생각과 행동이다. 자살은 한 개인이 절망적인 상황에서 해결 방법이 없고 희망이 없다고 여겨질 때 시도하는 극단적인 행동이며 가장 심각한 정신 병리이다.

미래의 꿈에 부풀어야 할 청소년 시기에 '자살'이라는 끔찍한 생각을 하고 선택한다는 것은 큰 불행이다. 하지만 청소년 자살 사고는 점점 더 심각한 양상을 띠고 있다. 우리나라는 OECD 국가 중 자살률 1위이며, 특히 청소년의 경우 사망 원인 1위가 자살이다.

우리 사회에서 청소년 자살은 적극적인 개입이 필요한 심각한 사회 문제이다. 자살은 일회적이고 순간적인 병리가 아니라 만성적으로 진행되는 병리이며 청소년의 자살 행동은 여러 요소들이 복잡하게 연관되어 있다.

청소년의 자살이 일반인과 다른 특징은 청소년기는 아동기에서 성인기로 전환해 가는 '질풍노도의 시기'이다. 심리적으로 안정과 균형을 이루지 못하고 자신의 정체성에 대한 혼란과 미래에 대한 불확실성이 순간적으로 작용하여 성인에 비해 충동적인 자살의 경우가 많다. 친구나 다른 사람들과 함께 동반 자살을 하기도 하고 연예인이나 유명한 사람들의 자살을 모방하기도 한다. 현실이 아닌 사이버 공간에서의 자살을 현실과 구분하지 못하고 자살하기도 한다.

청소년 자살 원인

우울증, 불안장애, 외상 후 스트레스 장애, 학업 스트레스, 성적 비관, 지나친 경쟁, 학교폭력과 왕따, 이성 문제, 원만하지 못한 교우 문제, 실패에 따른 좌절감, 선천성 장애, 사고 후유증, 질병에 의한 건강 문제, 경제적 어려움, 가정불화, 결손 가정, 모방 자살, 약물 중독, 주변 사람에 대한 분노, 자신의 무능함에 대한 자괴감, 미래에 대한 불안 등 굉장히 다양하다.

이와 같은 다양한 원인들을 종합해 보면, 시련과 실패 그리고 걱정과 불안이며 이에 따른 절망감이 마음의 감기라고 부르는 우울증으로 자리 잡아 자살에 이르게 하는 것이다.

자살의 원인은 한 가지로 요약할 수 없고, 복잡하고 다양한 요인들이 관여한다.

시련과 자살

자신이 나름대로 판단하기에 견디기 힘들 정도의 시련이 닥치면 이를 회피하기 위해 자살을 떠올리고 시도하기도 한다. 그런 면에서 시련에 대하여 올바른 시각을 가지고 긍정적으로 받아들이면서 시련을 관리해야 한다. 삶을 영위하는 과정에는 시련이 있게 마련이므로 시련을 견디고 극복하는 마음가짐을 가져야 한다.

🎬 ≪채근담≫ 중에서

> 시련에 처했을 때는 둘러싼 환경 하나하나가 모두 불리한 것처럼 생각된다. 그러나 사실은 그것들이 몸과 마음의 병을 고치는 힘이요, 약이 된다. 약이 몸에 쓰듯이 시련은 잠시 몸이 괴롭고 마음이 아프지만, 그것을 참고 잘 다스린다면 몸을 위하여 많은 소득을 기약할 수 있다.

일부 식물은 으깨면 달콤한 향기가 풍기는 것처럼, 시련은 잠재력을 일깨우고 감춰져 있던 재능을 발현시킨다. 시련은 사람의 진가를 알 수 있는 시금석이다. 짓밟힘을 당하고 윤이 나는 자갈이 되는 것과 같다. 단련의 기회라고 받아들이며 기꺼이 참아내야 한다.

🎬 셰익스피어 어록

> 시련이 사람에게 부여하는 것이야말로 아름답다. 그것은 독거미와 같아서 독을 품고 있지만, 그 머릿속에는 보물을 감추고 있다.

셰익스피어
(Shakespeare, 1564~1616)
영국의 시인·극작가.

시련의 효과는 참으로 감미롭다. 약한 것이 강하게 되고 두려운 것에 용감하게 맞서고 지혜로 혼란을 극복하라고 가르친다. 시련에 직면했을 때 빛을 발하고 향기를 내뿜어야 한다. 장막 한 겹에 불과한 안개에 허둥대지 말아야 한다. 내 힘으로 걷을 수 없는 것이라면 받아들여라. 그 안개의 구덩이에 던져지지 말고 몸을 끌어올려 벗어나라. 안개보다 내 몸이 높아져야 벗어날 수 있다.

나의 삶에 시련의 안개가 끼어 있거나, 도무지 앞이 보이지 않

을 때 걱정하거나 초조해 하지 말아야 한다. 조금만 견디고 몸을
하늘 위로 높이면 모든 것은 지나가고 안개도 걷히듯이 언젠가
시련도 지나가게 되어 있다.

실패와 자살

실패했을 때 좌절감에 젖어 자살 충동을 느낄 수가 있다. 눈앞
에 닥친 실패를 과장하여 받아들여서는 안 된다. 실패를 어떻게
바라보고 받아들이는가는 마음의 평정에 있어서 매우 중요하다.
있는 그대로 받아들이면서 이를 잘 관리하여야 한다. 그래야 좌
절하지 않고 마음의 안정을 얻고 새로운 용기를 가지고 다시 일어
설 수 있다.

🎬 전쟁에서의 패배

- 전쟁에서 패배한 장군이 거미가 거미줄 치는 모습을 보고 느낀 점
  은 무엇일까?

한 장군이 전쟁에 패배하고 동굴 속으로 숨어 들어가서 실패를 치
욕으로 여기고 목숨을 끊으려고 했다. 그때 동굴 입구에
매달린 거미 한 마리를 보았다. 거미는 열심히 거미줄
을 쳤지만 불어오는 바람 때문에 번번이 실패했다. 한
참 동안 유심히 바라보던 끝에 거미는 열 번째 시도 끝에 거미
줄 치는 것에 성공했다.
그 모습을 본 장군은 '그래 난 이제 겨우 한 번 실패했을 뿐이야'라
고 생각하고 동굴을 나와 전장에 합류하여 대승을 거두었다.

격렬하고 정신없는 전쟁과 같은 인생에서 실패하지 않는 사람
은 없다. 목표를 향해 최선을 다해도 실패할 때가 있다. 실패는

신이 내린 선물이다. 인간은 실패가 허락된 유일한 창조물이다. 신이 다시 일어서는 법을 가르쳐 더 멀리 가게 하려고, 더 큰 뜻을 품게 해서 더 크게 쓰려고, 쓰러뜨림이라는 일시적인 고통을 안겨주었다고 위안해라. 성급해서 참고 기다리지 못할 뿐이지 신은 결코 부축이나 도움의 손길을 늦추지 않는다. 신이 인간의 극복하는 능력을 시험하기 위해 쓰러뜨렸다고 여겨라.

가끔 잘못된 결정을 내리는 것이 자연스러운 인생이다. 언제나 옳은 결정을 하는 사람은 아무도 없다. 실패가 족쇄가 되지 않도록 실패한 것으로 자신을 비난하고 자학해서는 안 된다. 실패에서 다시 일어서야 하는 것이 인생이다. 넘어진 후 다시 일어나 노력해야 할 때 좌절하여 주저앉아버리면 안 된다. 인생에서 중요한 것은 실패하지 않는 것이 아니라 실패해도 좌절하지 않고 다시 일어나는 데 있다.

걱정과 자살

누구나 삶에서 걱정거리를 만나고 걱정을 하면서 살아간다. 지나친 걱정은 영혼을 망가뜨려 자살 충동을 일으키는 원인이 되기도 한다. 그러므로 걱정을 어떻게 받아들여서 관리를 잘 하느냐가 중요하다. 걱정을 잘 관리하면 마음의 안정을 가져와서 정상적인 생활을 영위할 수 있다.

걱정하는 것은 인간 본능이다. 인간의 마음은 걱정을 내려놓지 못하며 내려놓으려 하지 않는다. 생각 속에서 상황을 내려놓지 않으면서 마음속에 걱정거리를 쌓아간다. 걱정이 쌓이면 쉴 수도, 잠을 깊이 잘 수도 없게 된다. 마음에 평화와 행복을 앗아간다.

부정적인 생각으로 인한 걱정의 짐을 덜어야 한다. 바라지 않는 것들에 골몰하지 말아야 한다. 문제가 생길 때마다 지금 이

순간에 간절히 바라는 것을 스스로에게 물어보면서 부정적인 생각을 무력화시켜라. 자신이 바라는 것들만 생각하고, 말하고, 상상해라.

걱정은 해결할 방도가 없을 때 나타나는 현상일 수도 있다. 걱정만 한다고 문제가 해결되는 것이 아니다. 걱정만 하고 아무런 노력을 기울이지 않으면 상황은 더욱 힘들어지고 불행해진다. 일어나지도 않은 일로 걱정하기보다는 닥친 일 중에서 해결할 수 있는 일에 국한해서 생각해야 한다.

불안과 자살

불안은 삶의 조건으로 인생은 불안과 함께하는 여정이다. 인생을 살면서 한 번도 불안을 느끼지 않는 사람은 없다. 성적, 진학, 입시, 취직, 퇴직, 노후, 건강, 안전, 인간관계, 경제 위기, 자연재해, 전쟁 등 누구나 이런저런 이유로 크고 작은 불안을 느끼며 살아가게 마련이다. 이런 여러 불안 요소를 긍정적인 시각으로 받아들여야지 자칫 두려움으로 받아들이면 정신적으로 어려움을 겪게 된다.

자칫 불안을 제대로 관리하지 못하면 긴장과 갈등, 소외 등 병리현상을 가져와 자살, 약물 중독 등 부정적으로 작용하기도 하지만 스포츠 참여, 신앙생활, 과학 탐구, 취미 생활 등으로 역동적이고 경건한 삶을 영위하여 긍정적인 도전을 해야 한다.

분노와 자살

억울한 일을 당했을 경우에 분노를 참지 못하고 그 억울함을 알리는 방법으로 자살하기도 한다. 분노는 마음에 좌절과 고통과 상처를 남기고 삶의 평화를 한 순간에 앗아가 버릴 수 있다. 분노를 폭발시키는 순간 분노가 자신을 지배하게 된다. 분노에 굴복하는 순간 분노의 노예가 되고 만다. 분노가 이성의 둑을 무너뜨리도록 방치하지 말아야 한다.

분노를 억누를 줄 아는 것은 현명함을 보여주는 것이다. 분노를 다스리는 법을 터득해 사는 것이 삶의 지혜이다. 분노의 해독제는 시간이며 세월이다. 분노에 깔린 슬픔, 고통, 증오와 상처를 헤아리고 풀어주어서 분노를 일으키게 한 감정적인 고리를 끊어야 한다.

청소년 자살의 징후

자살하기 전 청소년들의 평소와는 다른 행동들은 너무 아프고 힘들다는 신호이다.

- 자살이나 죽음에 대해 자주 언급하고 이와 관련된 책과 사이트를 찾아보며 죽음과 관련된 글이나 낙서를 한다.
- 대인관계를 피하고 대외적인 활동이 줄어들면서 친구나 주변 사람들과의 접촉도 줄어들게 된다.
- 식사량이나 수면시간이 지나치게 줄거나 늘어난다.
- 주변을 정리 정돈하며 소중하게 간직하던 물건을 나눠주는 등 평소에 하지 않던 행동들을 한다.
- 갑자기 무모하고 과격한 행동을 하고 세상에 대한 분노와 적개심을 드러내기도 한다.

🖐 청소년 자살의 특징

- 사소한 일에도 쉽게 충격을 받아 충동적으로 단순하게 자살하는 경향이 많다.
- 오랫동안 자살생각을 한 결과라기보다는 감정적이다.
- 자신의 심적 고통을 외부에 알리고자 하는 호소형 자살이 많다.
- 성적 및 학교생활과 관련된 문제로 인한 자살이 많다.
- 모방 자살이 많다.
- 이성교제 문제로 자살하는 경우가 증가하고 있다.
- 카드와 핸드폰의 무분별한 사용에 따른 경제적 문제로 자살하는 경우도 있다.
- 따돌림, 학교폭력으로 자살을 선택하는 경우가 많다.

🖐 청소년의 자살 예방 방법

- 생명의 소중함을 인식하고 죽음으로 모든 것이 해결될 수 없으며 긍정적이고 바람직한 해결 방법이 있음을 깨닫는다.
- 가족 간의 유대를 강화 하여 서로 긴밀한 소통을 한다.
- 가정에서 청소년의 자존감을 높여주고 정서적 안정감을 주고 성적에 대해 지나친 부담감은 주지 않도록 한다.
- 교우 관계를 바르게 하고 선생님과 친구들과 긴밀하게 지낸다.
- 동아리 활동, 봉사 활동이나 스포츠 활동, 문화 행사 참여를 통해 쾌활함을 유지한다.
- 스스로 심리 상태와 정신 상태의 흐름을 파악하여 이상이 있다고 판단될 경우 부모님이나 선생님, 의사, 전문기관의 도움을 받도록 한다.

● 특히 우울증은 가장 큰 자살 원인이므로 반드시 치료를 받아
야 한다. 우울증은 자기 자신과 미래, 그리고 살고 있는 이 세
상에 대한 인식을 왜곡시킨다. 상황을 객관적으로 판단하여
비관적인 생각을 막는 것이 우울증 치료의 목적이다. 청소년의
우울증은 대개 그 원인이 단순하므로 효과적인 치료로 좋은
결과를 볼 수 있으므로 치료에 대한 거부감이나 부정적인 생
각을 하지 말고 치료를 꾸준히 받아야 한다.

자제력 발휘

청소년 자살은 한 순간을 참지 못하고 충동적으로 자살하는
경우가 많다. 그러므로 자제력을 발휘해야 한다. 자제력을 잃으면
인간은 정신적 자유를 상실하게 되고 나락으로 떨어질 수 있다.
자제력으로 충동적인 생각을 멀리하고 단호히 버텨내야 한다.

자존감 회복

심리학자들은 "자존감이 인간 행동의 중요한 기본 동기이고 정
신 건강 및 적응과 밀접한 관계가 있으며 전 생애에 걸쳐 한 사람
의 정신 건강을 지배하는 주요 감정이다"라고 말한다. '자살은 자
존심이 상했을 때 최후에 선택하는 것'이라는 말이 있다. 자살은
극도의 자존감 상실에서 저지르는 행위이다.

나를 사랑하고 아끼는 자존감은 그 생명을 더욱 값지게 만드는
뿌리이다. 자기 긍정의 감정, 스스로에 대한 정직하고 솔직한 긍
정 평가와 같은 가치들은 일생을 살아가게 해 주는 힘의 원천이
자 근원이며 생명을 다하는 그날까지 결코 놓아서는 안 되는 나
의 자아의식이다.

다른 사람에게서 듣는 칭찬의 말 못지않게 자기 자신이 느끼는

성취감은 정말로 중요하다. 자긍심을 높이기 위해서는 '내가 그렇지 뭐, 뭘 바라겠어'라는 내 안의 부정적인 목소리, 자아비판을 멈추어야 한다. 이런 부정적 감정을 극복하고 나면 이를 긍정적 에너지로 바꿀 수 있다.

긍정적 사고

자살에 이르는 사람은 현재와 앞으로의 상황을 부정적으로 보기 때문이다. 그러므로 평소에 매사를 긍정적으로 바라보는 습관을 가져야 한다. 그래야 절망적인 상황에서 잘 될 것이라는 희망을 가지면서 마음의 안정을 가져올 수 있다.

마음이란 밭에는 기쁨, 사랑, 즐거움 같은 긍정적인 씨앗이 있는가 하면 짜증, 우울, 절망 같은 부정적인 씨앗도 있다. 긍정을 심으면 긍정이 나오고 부정을 심으면 부정이 나온다. 긍정적 사고는 삶에 의욕과 활기를 불어넣지만, 부정적 사고는 삶의 폭과 속도를 감소시킨다.

긍정적인 사람은 부정적인 사람과 다르게 생각하고 행동한다. 긍정적인 사람은 느긋하고 낙관적인 자세로 마음을 열고 다양성을 추구하면서 기회를 만들어나가지만, 부정적인 사람은 걱정과 두려움이 많고 시야가 좁아 다양성을 회피하고 기회를 놓쳐버린다.

감사

자살을 마음먹거나 시도하는 것은 삶에 대해 감사함이 없기 때문이다. 존재 그 자체와 현재 자신이 가진 것에 대해 감사함이 없기 때문이다. 마음의 평온을 얻으려면 감사한 마음을 가져야 한다.

≪로빈슨 크루소≫ 중에서

• 로빈슨 크루소는 왜 표류하여 무인도에서 생활하게 된 것을 감사했을까?

영국 작가 다니엘 디포가 쓴 ≪로빈슨 크루소 Robinson Crusoe≫의 내용을 보면 주인공 로빈슨 크루소는 난파된 배에서 무인도로 살아 나와 홀로 생활하면서 "왜 하필 내게 이런 일이 생겼단 말인가!" 하며 원망하거나 낙심하지 않았다. 오히려 그는 그 배에 탔던 사람 중 유일한 생존자가 자기 자신이라는 사실에 감사한 마음을 가졌다.

무인도이지만 먹을 것이 있음에 감사했고, 입을 옷을 구할 수는 없었지만, 옷이 필요 없을 만큼 따뜻한 기온에 감사했고, 자기 자신을 지킬 무기가 없었지만 자기를 해칠만한 짐승도 없다는 사실에 감사했다.

≪로빈슨 크루소≫ 초판본 첫 페이지

그래서 로빈슨 크루소는 귀중한 깨달음을 얻고 이렇게 말했다. "나는 무인도라는 이 참담한 상황 속에 있으면서, 무인도 이전의 타락한 삶보다 지금이 얼마나 더 행복한지를 이제야 깨달았다. 이 세상에서 제일 비참한 사람은 아무것도 없는 무인도에 홀로 남은 사람이 아니라 어디서든 감사하지 않고 불만에 사로잡힌 사람이다."

다니엘 디포(Daniel Defoe, 1659~1731) 영국의 소설가·언론인. 1719년 ≪로빈슨 크루소≫를 발표하여 명성을 얻음.

감사하는 마음은 삶을 풍요롭게 해주는 확실한 방법이며 삶이 지속되도록 해 주는 최고의 원동력이다. 감사하는 마음을 가지면 기쁜 마음으로 삶을 즐기게 된다. 감사는 삶의 윤활유와 같다.

어떠한 상황에서도 좋은 면을 보려고 한다면 삶이 감사로 가득 넘침을 알게 된다. 극한적인 상황에 있다고 상상해보면 일상적인 것, 아무렇지도 않게 여기는 것들까지도 소중함을 깨닫게 될 것이다.

평소에는 당연한 것처럼 여겨지던 것을 잃고 나면 그것에 얼마나 감사해야 했는지를 비로소 깨닫게 된다. 건강을 잃고 나면 건강함에 얼마나 감사해야 했는지를, 돈을 잃고 나면 비록 조그마한 돈이라도 가지고 있었던 것에 감사해야 했는지를 깨닫게 된다.

희망

자살을 사도하는 것은 어떤 상황 때문이든 절망에 빠져 희망이 없다고 생각하기 때문이다. 어떤 상황에서도 희망을 발견해야 올바른 정신 건강을 유지할 수 있다. 희망이란 절망 속에서 피는 꽃이다.

🎬 헤밍웨이 어록

> 태양은 또 다시 떠오른다. 태양이 저녁이 되면 석양이 물든 지평선으로 지지만, 아침이 되면 다시 떠오른다. 태양은 결코 이 세상을 어둠이 지배하도록 놔두지 않는다. 태양은 밝음을 주고 생명을 주고 따스함을 준다. 태양이 있는 한 절망하지 않아도 된다. 희망이 곧 태양이다.

어니스트 헤밍웨이
(Ernest Hemingway,
1899~1961)
미국의 소설가, 1954년
노벨문학상 받음. ≪무기
여 잘 있거라≫ ≪노인과
바다≫ 등이 있음.

사람은 절망과 희망이라는 반대되는 두 가지 마음을 동시에 가질 수는 없으므로 마음속에 희망을 자리 잡게 해야 한다. 희망은 마음만 먹으면 되므로 언제나 아주 가까운 곳에 있다. 절망의 나락에 떨어지지 말고 희망을 붙잡아야 한다.

희망은 현재의 시련을 극복하고 삶을 변화하게 하는 가장 중요한 정신적 엔진이다. 희망은 절망적인 상황에서도 인내와 용기를 가질 수 있게 만드는 힘이다.

칠흑같이 컴컴한 방에 스위치 하나만 올려준다면 환하게 빛나듯이 사람의 마음도 똑같다. 어둠을 몰아내는 것이 빛이듯이, 절망을 몰아내는 것은 바로 희망이다. 절망의 끝자락에 붙어있는 것이 희망이므로 인생에서 부닥치는 무수한 절망과 포기하고 싶은 바로 그 순간에 희망의 스위치를 올려야 한다.

희망의 줄을 놓으면 한순간에 무너진다. 절망이 희망을 점령하게 해서는 안 된다. 희망의 밧줄은 언제나 아주 가까운 곳에 있다. 절망의 나락에 떨어지지 말고 희망의 밧줄을 놓치지 말아야 한다.

평정심

자살의 가장 큰 원인은 마음의 감기라고 부르는 우울증이다. 수시로 변화하는 여러 상황과 여건에 평정심을 갖는 것은 매우 중요하다.

삶에는 곳곳에 고통이란 지뢰가 숨어 있다. 욕망, 증오, 자만, 잘못된 견해가 고통이란 지뢰의 뇌관이다. 뇌관을 제거하면 삶은 한결 편안해진다. 구겨진 종이에 그림을 그릴 수 없듯이 마음이 평정해야 행복하고 즐거운 삶을 누린다. 고통을 끌어안고 있지 말고 과감하게 내려놓고 걷고 달리고 춤춰라.

🎬 내려놓음

• 지혜로운 노인이 젊은이에게 가르친 것은 무엇일까?

젊은이가 지혜로운 노인을 찾아가 물었다. "저는 스트레스를 받으며 힘든 삶을 살고 있습니다. 행복해지는 비결을 가르쳐주십시오." 이 말을 들은 노인이 젊은이에게 "나는 지금 정원을 가꾸어야 하니 이 가방을 좀 들고 있게"라고 하면서 가방을 건넸다.

처음에는 가방이 무겁게 느껴지지 않았지만, 시간이 지나면서 가방이 무겁게 느껴졌고 어깨가 아팠다. 일을 계속하고 있는 노인에게 젊은이가 "가방을 언제까지 들고 있어야 합니까" 하고 묻자 "무거우면 내려놓으면 되지"라고 말했다.

젊은이는 그 말을 듣고 '행복하기 위해서는 마음의 짐을 내려놓으면

187

> 된다''고 깨달았다. 내려놓으면 편안해지고 자유로워지는데 내려놓지 않으니 힘든 것이다.

내려놓음은 마음속 압박을 끝내는 일이다. 내려놓으면 마음이 편안하고 가벼워지는 느낌이 들면서 홀가분해진다. 마음의 짐을 내려놓을 때 영감과 지혜를 얻어 창조가 일어난다. 집착을 내려놓고 삶의 흐름을 즐기고 신뢰하면 마음이 정화되고 치유를 가져다준다.

평정을 위해서는 내면의 평온을 찾아야 한다. 흥분을 가라앉힐수록 평온한 기운이 온몸으로 퍼져나간다. 모든 행동이 내적인 평온함에서 흘러나오는 까닭에 마음이 평온해지면 어떤 상황에서든 침착하게 행동하게 된다.

용서

나에게 큰 상처를 준 사람이 있거나 내가 잘못을 저질러 죄의식을 가지면 이것이 우울증을 불러와 자살에 이르기도 한다. 이의 해결 방법은 용서하는 일이다. 상대방을 용서하고 나를 용서해야 한다. 때로는 용서하는 자신을 용서하지 못하는 경우도 있으므로 무엇보다 자신을 용서하는 자세가 중요하다.

용서는 감정의 응어리를 푸는 일이다. 용서를 거부하면 끝없이 과거에 얽매이게 된다. 그 순간 상처받았던 과거에 삶을 통째로 얽어매놓고는 자신의 존재를 갉아먹도록 방치해둔다. 그 상처를, 그 모욕을 끌어안고 틈만 나면 골몰한다. 상처의 진정한 치유는 용서에서 온다.

용서는 마음의 문을 닫아걸고 있는 걸쇠를 푸는 일이다. 용서하는 마음은 상처 준 이들을 받아들이는 마음이다. 용서는 양심의 쇠사슬에 묶여있던 가해자를 안심시키는 일이다.

용서는 값싼 것이 아니며 삶 속에서 실천하는 큰 수행이다.

망각

자살을 마음먹게 하는 것은 과거에 일어난 상황에 대해 '그 때 이렇게 했더라면' 하고 후회와 자책에서 비롯되는 것이 대부분이다. 그러므로 과거에 일어난 잘못된 상황을 잊어버리는 것이 급선무이다.

과거의 일로 후회하거나 미래의 문제로 근심하지 말아야 한다. 어리석은 사람은 이미 지나간 과거를 슬퍼하고 후회하며 오지 않은 미래를 두려워하고 걱정한다. 지혜로운 사람은 과거에 미련을 갖거나 미래를 걱정하지 않고 현재에 해야 할 일에 전념한다.

과거는 부도난 수표이며, 미래는 약속어음에 불과하다. 살아있는 바로 오늘이 현금이다. 그렇기에 현재(Present)를 선물(Present)이라고 말한다. 과거는 현재로부터 기인하는 것이며 미래도 현재로부터 비롯되는 것이다. 항상 현실에 중심을 두고 미래를 생각해야 한다. 최선을 다해서 현재를 살아가면 밝은 미래를 만들 수 있다.

자신이 소망하는 미래는 자신의 과거에 의해서 결정되는 것이 아니라 지금 현재의 노력에서 결정된다는 사실을 명심해야 한다. 과거와 싸우지 말고 과거로부터 배우고 미래를 바라보며 현재에 집중하면서 앞을 향해 나아가야 한다. '지금까지'가 아니라 '지금부터'가 중요하다.

사색

자살은 마음의 문제에 기인한다. 특히 주어진 여건이 좋음에도 불구하고 인생에 회의를 느끼고 자살을 시도하기도 한다. 그러므

189

로 '나는 누구인가, 어디서 왔나, 어디로 가나, 내가 올바로 살아가고 있나?' 하고 마음의 눈으로, 마음의 가슴으로 자신을 바라보는 사색이 필요하다. 그러면 조급함이 사라지고 삶에 대해 여유로움이 생길 것이다.

사색은 삶을 이해하게 하고 깨달음과 힘을 키워준다. 마음이 경직되면 쉽게 반발하고 분노하기 때문에 중요한 것들을 그르치게 된다. 사색하면 마음이 부드러워지고 내면의 유연성이 커져 여유를 가지고 문제점을 관조하게 된다. 마음이 고래고래 소리를 지르고 있을 때는 내면의 '고요하고 작은 목소리'를 들을 수 없다. 사색은 마음의 요란한 소음을 가라앉히기 위한 것이다. 시간이 흐른 뒤 이 소음이 깨끗이 사라졌을 때 내부에 흐르고 있던 침묵의 소리를 들을 수 있다.

사색은 마음의 연금술이다. 뇌파를 변화시켜 근심 걱정과 온갖 부정적인 생각을 비우도록 도와주고 행복을 느끼게 해준다. 사색은 마음을 잠잠하게 하고, 생각을 평화롭게 하며, 몸에 생기를 불어넣어 준다. 마음을 지배하는 한 가지 길은 마음을 고요하게 하는 법을 배우는 것이다. 삶의 주체가 되기 위해서는 마음을 다스리는 법을 배워야 한다.

자신 속에 자신이 너무 많으면 안 된다. 삶에 여백이 필요하듯 사색을 통해 자신을 비워야 한다. 일상에서 벗어남을 얻으려면 자신을 내려놓고 비워야 한다.

♣ 청소년 자살예방에 도움을 주는 기관

• 24시간 정신건강 상담전화 : 1577-0199
• 생명의 전화 : 1588-9191
• 보건복지 콜센터 희망의 전화 : 129
• 한국자살예방협회 사이버 상담실(www.counselling.or.kr),
• 한국청소년 상담원 청소년 전화 : 1388

나는 나를 사랑하리라

미국의 팝송 가수 머라이어 캐리(Mariah Carey)가 부른 <Hero 영웅>란 노래의 첫 부분에 이런 가사가 있다.

당신의 마음속을 들여다보면 거기엔 영웅이 있어요.
자기 자신 그대로의 모습을 두려워하지 말아요.
(There's a hero, If you look inside your heart.
You don't have to be afraid of what you are)

그대는 이 세상에 한 사람밖에 없는 유일하고 특별한 존재다. 그럼에도 그대가 자신을 비하시키고 있는 한, 어떤 사람도 그대를 특별하게 대하거나 사랑하지 않는다.

그대는 '나는 성적이 좋지 않아, 집이 가난해, 친구들에게 인기도 없어, 특별한 재능도 없고, 외모도 그저 그렇고...' 등등의 이유를 늘어놓으면서 자기를 비하하고 있지는 않은가? 이런 비하감이 우울증을 불러와 자살에 이르기도 하는 등 무서운 결과를 초래한다.

그대는 자신을 어떤 관점으로 바라보고 있는가? 인생에서 가장 중요한 대상은 바로 '자기 자신'이다. '자기사랑'은 '자기비하'의 반대 덕목으로 자신에 대한 믿음과 자기긍정, 자기존중, 책임감을 포함한다. 자신에 대한 사랑은 '나는 너보다 낫다'가 아니라 '나는 나로서 좋다'라는 생각을 가지는 것이다.

만약 그대가 자신을 사랑하지 않는다면, 스스로 만들어 낸 자신에 대한 결점과 부족한 자기이미지를 가지게 된다. 이런 자기이미지로 어떤 가치 있는 일을 수행할 수 있겠는가?

자기를 사랑할수록 자신의 능력에 대한 믿음과 자신감이 커져서 일의 성과는 높아진다. 자신의 능력을 믿고 목표 설정, 동기 유발, 긍정적인 사고, 진취적인 행동 등 모든 노력을 기울여야 한다. 항상 깨어있는 의식으로 자신의 모습을 자각하고, 무엇을 하겠다는 결심을 하고 올바르게 행동하는 것이 중요하다.

그대 자신에게 마음의 문을 열어라. 자신의 존재에 대하여 인정하고, 무엇이든 할 수 있는 존재로 바라보라.

지은이 _ 윤문원

인성교육 전문가, 작가. 저서로 ≪인성교육 만세≫ ≪고등학교 인성≫①·②·③
≪중학교 인성≫①·②·③ ≪초등학교 인성 ①②③≫ ≪초등학교 인성 ④⑤⑥≫
≪유아 인성교육 만세≫ ≪쫄지마 중학생≫ ≪길을 묻는 청소년≫ ≪잘나가는 청춘
흔들리는 청춘≫ ≪인생에 그림이 찾아왔다≫ ≪아버지 술잔에는 눈물이 절반이다≫
≪엄마가 미안해≫ ≪영화 속 논술≫ ≪49편의 말 많은 영화 읽기≫ ≪논술 심층
면접 골격 답안≫ 등 50여 권이 있으며, 다수의 도서가 권위 있는 기관의 추천
도서로 선정되었고, 외국에도 수출되어 번역 출간되었다.

저서의 여러 글이 중·고등학교 검정 교과서(고등학교 문학, 중학교 국어, 중학교
도덕, 중학교 기술 가정)와 교사용 지도서 15곳에 게재되어 있다.

교육부 중앙교육연수원, 교육청, 방송통신대학교 프라임칼리지, 대학교, 중·고교,
기업·단체 등에서 인성 강의를 하였으며, EBS TV '교육 대토론회'와 '학교폭력
예방' 프로그램에 패널로 출연하였다.

고등학교
인성 ❶

초판 1쇄 인쇄 | 2019년 3월 1일
초판 1쇄 발행 | 2019년 3월 5일

지은이 | 윤문원
펴낸이 | 심윤희
감수 및 교정·교열 | 김형준
디자인 | 최은숙

펴낸곳 | 씽크파워
출판등록 | 2005년 10월 21일 제397-2018-10호
주소 | 서울특별시 성북구 보국문로18길 19-7, 402호
전화 | 02-817-8046
팩스 | 02-817-8047
이메일 | mwyoon21@hanmail.net

ISBN 979-11-85161-25-9 (53190)

* 잘못된 책은 바꿔드립니다.
* 책값은 뒤표지에 있습니다.